새마을운동의 서천西遷

韓中合作 愛心-陽光 培訓計劃 參觀記

나무와숲

새마을운동의 서천西遷

韓中合作 愛心－陽光 培訓計劃 參觀記

鄭 敎 寬

나무와숲

기록을 남기면서

1996년 한·중 과학 기술 경제 교류대회에 참석할 때만 해도 별다른 생각 없이 견문 여행 겸 가벼운 마음으로 북경에 갔었다. 그런데 막상 참석하고 보니 중국에서 한국의 새마을운동에 대한 관심이 의외로 높다는 사실을 알고 1970년대 한국 새마을 교육에 참여했던 한 사람으로서 한 가닥 자부심을 느낄 수 있었다.

그 후 중국 빈곤 농촌 농민의 계몽 운동 차원에서 한·중 합작 교육계획 사업협정이 성사되어 새마을운동 과목을 강의해 달라는 요청을 받았다. 출강하다 보니 나 자신이 새마을 정신으로 재무장됨과 동시에 사명감도 유발되었고 애착심도 생기게 되었다.

입으로만 새마을 정신과 농심을 외치던 과거를 부끄럽게 생각하며 산촌으로 들어가 나 자신이 직접 농심을 체험하고 있는 터라 거리낌없이 진솔한 마음으로 성심껏 강의에 임했다.

1970년대 새마을 교육에 쏟았던 열정이 되살아나 산간 오지 마을까지 빈곤 농촌을 찾아가 보기도 했다. 그러다 보니 중국 농촌이 옛날 내 고향처럼 느껴질 때도 있었다.

주변 친구들은 "지금이 어느 때인데 새마을 타령이냐?" 혹은 "이제 새마을 노하우까지 중국에 퍼주느냐?" 하는 핀잔도 늘어놓았지만 내 딴에는 한·중 우호 증진을 위하여 나갔다. 아울러 중국에 나가 있는 우리나라 대기업은 물론, 산동성 김치 공장부터 운남성 꽃 재배까지 하고 있는 수십만 대한민국 기업인들의 위상을 높이기 위해 나갔다.

중국은 바로 거대한 우리의 시장이다. 중국 농민이 절대 빈곤 수준을 벗어나 잘살게 될 때 그만큼 우리 시장 구매력이 커질 것이므로 상생과 공영을 위하여 나갔던 것이다. 아니 그보다 장학금까지 줄 테니 배워 가라는 덴마크나 이스라엘 농촌운동을 제쳐놓고 한국의 새마을운동을 전수받으려 하는 중국 당국에 도리어 감사하는 마음과 겸손한 자세로 5년간 약속대로 강의를 마쳤다.

1970년대 대한민국의 성장 동력이 되었던 새마을운동, 새마을정신이 서쪽 아시아 대륙(태국·말레이시아·베트남·중국)으로 이동하기 시작한 것은 벌써 오래된 일이다. 딴에는 정확히 전수하기 위한 사명감으로 출강했는데 무엇을 전수했다기보다 도리어 배운 바가 많다.

대산농촌문화재단 회의 등 농촌 관계 회합이 있을 때마다 평소 존경하는 박진환 박사님으로부터 그동안의 행적을 책으로 써보라는 권고를 받고, 메모해 둔 것을 정리해 보았다. 이 기록은 새마을운동에 관해 강의한 내용과 지난 5년 동안 중국 여러 곳을 드나들며 보고 듣고 느낀 점을 정리한 단편적 수기일 뿐 연구 논문이 아니다. 객관적 타당성이 있는 의견이라고 볼 수 없는 표현도 있을 것이다.

하지만 해동이 되어 밭일을 시작하기 전에 끝내려고 눈 쌓인 산촌 누옥에서 컴퓨터 앞에 매달려 열심히 정리한 기록인 만큼 이 시대의 새마을운동이 국내외에 미친 영향에 대하여 관심을 갖고 이해하는 데 조금이나마 도움이 되었으면 하는 바람이다.

그동안 계속 출강 기회를 주신 동북아과학기술협력재단과 중국 과학기술협회 여러 분 그리고 사랑으로 봉사하며 물심양면으로 후원해 주신 소망교회 성도 여러분에게 깊은 감사를 드린다.

새마을운동 시작 36년째 되는 날
2006년 4월 22일
다림원 농장에서
鄭　教　寬

정교관 전 새마을지도자 연수원 원장과 저는 1970년대 새마을운동으로 서로 알게 되었으며, 다같이 새마을운동을 위해 몸과 마음을 바친 새마을운동의 동지가 되었습니다.

정교관 동지는 가난한 농촌의 8남매의 막둥이로 태어났고, 저도 가난한 농촌의 7남매의 막둥이로 태어났습니다. 우리 둘 다 초가지붕과 등잔불 밑에서 책을 읽고 학교를 다녔습니다.

정교관 동지는 서울대학교 상과대학에서 경제학을 공부하였고, 저는 서울대학교 농과대학에서 농업경제학을 공부하였습니다. 따라서 우리는 가난에서 농촌을 벗어나게 하는 것에 각별한 관심을 가지게 된 것입니다.

1970년대에 들어와 전국의 마을 단위에서 농민들이 우리도 한번 잘살아 보자고 외치면서 새마을사업을 전개하기 시작하자, 우리는 새마을 지도자들을 교육시키는 일에 젊음을 바치게 되었습니다.

새마을운동으로 우리 농촌의 근대화가 앞당겨졌을 뿐만 아니라, 한국 경제가 빈곤의 악순환으로부터 벗어나 도약하게 된 원동력이 되었습니다.

가난한 농가에서 태어난 우리로서는 새마을운동이 이룩한 역사적 공헌만으로도 삶의 보람을 느낍니다.

그런데 정교관 동지가 정년퇴임 후에도 한국의 새마을운동을 중국 땅에 전파하는 역할을 계속하고 있는 것을 알게 되었습니다. 한편 저도 정년퇴임 후 해마다 중국 농촌을 답사하면서 중국의 식량과 농촌에 관한 책자를 발간하였습니다.

그래서 저는 정교관 동지에게 거의 평생을 한국과 중국의 새마을 교육에 종사하면서 보고 느낀 일들을 그냥 사장할 것이 아니라 책으로 엮어 후손에게 남길 것을 권하였습니다.

이 책을 통하여 한국과 중국이 빈곤의 악순환으로부터 벗어나 경제적 근대화를 이룩하는 과정에서 있었던 일들을 이해하는 데 소중한 자료를 발견할 수 있으리라 믿습니다.

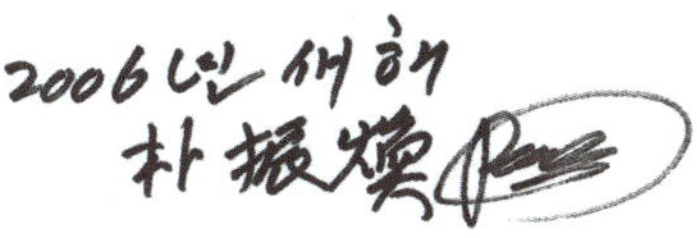

차 례

한·중 과학 기술 경제 교류대회

1996년 7월 북경에서 한·중 과학 기술 경제 교류대회가 열렸다. 한국측에서는 경제·과학·기술 각 분과별 대표 회원이 대거 참석하였다.

대회장 곽선희(郭善熙) 박사, 명예 대회장 정근모(鄭根模) 장관, 준비위원장 김수웅(金秀雄) 회장, 대회진행위원장 박래창(朴來昶) 사장, 실무추진위원장 최순명(崔淳明) 회장, 고문단 전 부총리 홍재형, 정운용, 기아그룹 김선홍(金善弘) 회장과 기계·건설·금융·섬유·의약 등 8개 분과 400여 명의 기업인이 참석하였고, 새마을운동 관련 인사로 전 건국대 부총장 류태영(柳泰永) 박사와 본인이 참석하였다.

북경에 도착하여 처음 안내받은 곳은 중국 민족화가 서비홍(徐悲鴻) 기념관이었다. 거기서 본 「우공이산도(愚公移山圖)」와 잠자던 사자가 태산준령을 뛰어넘으려고 포효하는 「사자도(獅子圖)」는 시사하는 바가 컸다.

일제 탄압 속에 그려진 그림으로서 중국의 민족혼과 저력의 상징이라는 안내원의 그림 해설을 듣고 중국의 현재와 미래를 짐작할 수 있었다.

한·중 과학 기술 경제 교류대회가 열린 중국 북경 인민대회당

　　본회의 장소는 인민대회당이었는데 건립 연도가 1958년인데도 동시에 1만 명을 수용할 수 있는 대회의장을 비롯하여 그 규모의 웅장함과 견고함에 다시 한 번 거대하고 육중하다는 인상을 받았다.

　　본회의 개막식에서 중국과학기술협회 주석 겸 중국과학원 원장인 주광소(周光召) 주석의 개막 식사와 정부 대표 축사(21세기 전진계획 및 중서부 지역 집중개발계획에 한국의 적극 참여 당부) 후 곽선희 박사의 기조 연설이 있었다.

곽선희 박사 기조 연설 요지

- 양국이 합심하여 21세기의 경제 중심과 화합의 계기가 되기를 희망합니다.
- 『논어』 12편 공자의 자공 문답(食陣信)을 보면 끝까지 신의 지키기를 강조하였습니다.
- 한국 경제부흥의 견인 운동은 새마을운동이었습니다. 본인도 새마을연수원 교육(정신 교육) 강사 경험이 있습니다. 지금 이곳에 당시 청와대에서 대통령 지시로 새마을운동 추진 방향을 초안했던 류태영 박사와 당시 새마을 교육을 담당했던 새마을연수원 정교관 원장이 참석하였습니다(잠시 일어나라고 하여 두 사람이 인민대회당이 떠나갈 듯 우렁찬 박수를 받음).
- "잘살아 보세"의 참뜻은 단순히 경제적 풍요만을 뜻하는 것이 아니라 정직·근면·성실·협동의 창조적 삶을 뜻하는 것입니다.
- 현대인의 성공 덕목 4요소는 지능·지식·기술·자세(태도)인바, 그중 삶의 자세 비중이 97%라 합니다. 그만큼 삶의 자세(태도)가 중요합니다.
- 어리석고 악한 자들이 협동하여 부지런하면 큰 문제가 발생합니다.
- 주도적 자세, 책임 의식, 미래지향적·창발적 의지, 참된 가치관으로 분명한 목표를 세우고 정진하는 것이 새 삶 창조의 원동력이 됩니다.
- 오늘날 서구 자본주의의 많은 문제점을 보완하고, 아시아 문화 유산과 전통적 참가치관을 바탕으로 건전한 인간성 토대 위에 튼튼한 경제발전을 이룩하기를 염원합니다.
- 효와 우애는 아시아의 전통적 미덕입니다. 가정 질서, 사회 질서, 국가 질서로 세계 질서를 선도하며 인류애로 행복의 원천을 찾아야 합니다.
- 가정에 아버지가 계시듯 하늘에 하늘아버지(천신) 계심으로 그 천심·애심을 믿고 순종하며 사는 자세, 참가치관의 자세로 지능·지식·기술의 기량을 창조적으로 유감없이 발휘하여 믿음과 사랑 속에 한·중 양국이 세계 모범 국가로 공동 번영할 수 있기를 바랍니다.

인민대회당 오찬장에서 정근모 과학기술처 장관, 호원동 중국 연합국 공업발전조 직 대표, 김선홍 한국경제인 대표 축사 연설이 있었고, 오후 토론회에서는 류태영 박 사의 한국 새마을운동 시작 배경과 추진 경로에 관한 발표가 있었는데 아주 지대한 관심을 불러일으켰다.

중국과학기술협회 부주석 류수〔劉恕〕 박사는 중국 북서부 낙후된 지역에서 햇볕을 많이 이용하고 물은 적게 사용하는 신기술 고소득 창출의 '오아시스 플랜' 시행 계획 을 발표하였다.

선진 농업 기술로 농업생산력을 제고하여 이스라엘·덴마크·네덜란드를 능가하 는 목표 달성으로 미래 100억 인구의 세계가 될 때 중국이 식량을 책임진다는 야심 찬 포부를 토로하면서 한국의 농촌 발전 과정, 특히 새마을운동 경험 전수를 요청하 였다.

토론회가 끝나고 각 지역별 투자 유치 설명회가 있었는데 20여 건이 성사되었다.

우리는 새마을운동 경험을 전수해 달라는 요청을 수락하였다. 그 요청을 수락한 이 후 5년간 중국 연수원(科普園) 건립 등 준비 기간을 거쳐 '한국 동북아과학기술협력재 단'과 '중국과학기술협회' 간에 '한·중 합작 애심-양광 배훈계획(KOREA-CHINA LOVE and LIGHT LEADERSHIP PROJECT) 협정'이 조인되었다.

중국과학기술협회(中國科學技術協會)는 1958년 9월에 만들어져 당과 정부의 과학 기술자들을 이어 주는 연결체로서 중국의 과학기술 사업을 발전시키는 중요 기구 이다.

165개의 자연과학·기술과학·공정기술과 기타 분야를 조직하고 전개하는 전국적 협회 조직으로 30개 성(省)급 과학협회와 기본 계층 및 430만 회원 조직의 과학기술 단체이다.

한국 동북아과학기술협력재단과 중국과학기술협회 사이에
맺어진 '한·중 합작 애심-양광 배훈계획' 협정.

주요 임무로는 과학기술 발전 보급, 우수 과학기술자 장려 및 권익 보호, 민간 국제 과학기술 교류, 교육 및 사회 공익 활동 사업 등 다양하다.

중국과학기술협회에서는 농업 실용 기술을 보급하고 산하 교육기관 농함대(農函大 學:校長 向華明)에서는 농촌 관계 지도자 교육을 담당하고 있다.

한·중 합작사업 협정 주요 내용은 중국 빈곤 농촌 지역 남녀 지도자들에게 정신 교육과 농목축 실용 기술, 리더십, 국제환경 변화 대응 방안 등을 전수하고 시범 마을을 건설하여 농민들이 빈곤으로부터 벗어나 행복한 삶을 살 수 있도록 한다는 것이다.

이러한 계획은 2000년부터 2050년까지 50년에 걸쳐 내외자 1조 달러를 투입하여 추진될 다음과 같은 '중국 서부 대개발 계획'과 무관하지 않다.

1) 목적 : 국토와 자원의 효율적 활용. 동서 · 도농 빈부격차 해소.
중화인민공화국 건설 100주년이 되는 2050년에 17억 인구의
중국이 세계 최강성대국의 위치 확보.
민생 문제 해결 3단계 목표(단계적 성취)
1단계 : 溫飽〔원빠오〕—배부르게 먹고 산다
2단계 : 小康〔샤오캉〕—중등 생활을 한다.
3단계 : 大同〔다통〕—고급 생활로 풍요를 누린다.

2) 개발 대상 : 서부 10개 성 · 시, 내몽고, 광시자치구.

3) 면적 : 690만㎢(중국 전 면적의 72%)

4) 인구: 3억 6천만 명(전 인구의 29%)

5) 자원 : 수자원의 82%, 천연가스의 86%, 석탄의 36%

6) 주요 사업 개요
① 서전동송(西電東送) : 서부에서 1.000만KW 전력을 개발, 상하이 등
동부에 공급.
② 서기동수(西氣東輸) : 타림 분지에서 상하이까지 4200㎞ 가스 공급.

③ 남수북조(南水北調) : 대운하 건설로 남부 수자원을 동북부에 공급(양
　　　　　　　　　　자강과 황하 연결)
④ 철도 건설 및 경제 뉴타운 건설 : 베이징·상하이·홍콩 고속철, 시안
　　　　　　　　　　~난징,
　　　　　　　　　　키얼무~라싸 등 철도 건설. 푸둥에 이어 하남성
　　　　　　　　　　정주에 정동신구 건설 등 경제 뉴타운 건설 확대.
⑤ 서부간선도로 : 곤명~시안 등 고속도로 건설.
⑥ 북서부의 사막화(1년에 1㎞씩) 현상을 극복하기 위하여 다각도로 정책
　개발 추진.
　대약진운동 당시 산자락을 파헤쳐 다락 농지 만들었던 곳에 식목 권
　장·독려, 치산치수 강화.
⑦ 한국·이스라엘·일본 농촌을 배우되 특히 한국 새마을운동을 통한 농
　민의 근면·자조·협동 정신 고취 방식 집중 도입. 가족 단위 농지 분
　할 및 농지이용권 장기화(45년)로 지력 증진, 증산 의욕 고취 등 도시
　와 농촌 간의 빈부격차 해소 위해 15년 동안 520조 원을 빈곤 농촌
　개발에 투입.

애심-양광 배훈계획 교육

한·중 합작 애심-양광 배훈계획(愛心-陽光培訓計劃) 실시 협의서가 조인되어 2001년부터 1차 5개년 지도자 교육이 시작되었다. 협의서 조항 중에는 "한국의 발전된 농업기술 및 새마을운동을 통해 축적된 방법·경험 등을 적용하여 중국 농촌 농민이 잘살게 하는 데 협력한다"는 내용도 포함되어 있다. 이에 따라 나는 한국 새마을운동 추진 과정에 대한 강의를 요청받고 다음과 같은 내용의 교안과 차트, 사진 등 보조 교재를 준비한 다음 북경으로 갔다.

서북부 지역 농촌 지도자 교육에 중국 공산당 간부와 인민해방군 장교들도 참석하였는데 강당 전면에는 대형 태극기와 중국 오성홍기가 나란히 걸려 있었다. 개학식에 앞서 일제히 기립하여 우리 애국가가 울려 퍼지는 가운데 태극기 앞에 공산당 간부들이 경의를 표하는 순간 실로 감개가 무량하였다.

개학식 종료 후 나는 과보원 농함대 샹화밍〔向華明〕 총장에게 우리 새마을 지도자 연수복 한 벌을 선물로 증정한 다음 첫 강의를 시작하였다.

첫 강의 내용은 다음과 같다.

새싹은 희망을, 세 개의 잎은 근면 · 자조 · 협동을, 노랑색 바탕은 풍요와 번영을,
둥근 원은 영원 무궁을 상징하고, 초록색 바탕은 녹색혁명을 뜻한다.

한국 새마을운동 시작 배경(始作背景)과
기본정신(基本精神) 및 성공사례(成功事例)

인사말

여러분, 반갑습니다〔您好大家!〕

중국 농민들이 잘살기를 희망하면서 농촌과 농민을 사랑하는 마음으로 한국 새마을운동

시작 배경과 추진 과정, 기본 정신 및 성공 사례를 성심껏 소개하고자 합니다.

1. 서 론

1950년, 1960년대 외부 침략과 내전 후 한국은 아시아 최하등 국가로 아무

희망이 없는 나라였다. 전 국민의 80%인 농민 대부분이 봄의 춘궁기〔春荒時

1960년대 한국 농가의 모습.

期]를 맞아 굶거나 풀뿌리, 소나무 껍질 등으로 겨우 연명〔草根樹皮延命〕하였다. 그리하다 보니 산은 민둥산이요 국토는 피폐화되었고, 농촌의 초가집은 전등불도 없이 비가 오면 낡은 초가지붕에서 빗물이 새어 잠을 이루지 못했다.

천수답(天水畓)이 많아 가뭄이 심한 해는 벼농사도 짓지 못했다. 그래서 가난의 악순환은 더욱 심해져 갔다.

아이들은 헐벗은 채 맨발로 학교를 다녔으며, 점심은 거의 굶고 소나무 껍질이나 고구마 이삭을 뒤져 먹으며 허기를 면했다.

국민 1인당 연평균 소득〔人均年收〕은 미화(美貨) 80불 정도였다. 나 자신도 10리 길 소학교를 맨발로 다녔다.

2. 새마을운동의 시작〔開端〕

1970년 봄 극심한 가뭄〔嚴重的旱災〕 때문에 논밭이 타들어 갔다〔水干了〕.

4월 22일 박정희 대통령이 한해 대책 회의〔旱災對策會議〕를 소집하고 현황보고(現況報告)를 들었는데 "대부분 농민(農民)이 하늘을 쳐다보며 한숨 쉬고 한탄만 하고 앉아 있을 때 어느 한 마을에서는 부락민들이 '하늘은 스스로 돕는 자를 돕는다. 단결하여 스스로 살 길 찾자〔自助者天助團結就是力量〕'는 구호(口號)를 외치며 개천을 파서 물줄기를 찾아 인력으로 물을 품어 올려서 오이·가지·감자 등을 재배하여 소득을 올리고 있다"는 보고를 받았다.

즉시 장관·도지사〔部長·省長〕들과 같이 그 마을 현장(現場)을 찾아가 현장에서 이장〔村長〕과 주민〔人民〕들을 격려(激勵)한 다음, 박정희 대통령(朴正熙總統)은

"모든 농촌이 이와 같이 농민 스스로 단결하여 살 길을 찾고, 살기 좋은 마을을 가꾸는 사업을 전개(展開)하자. 즉 '새마을가꾸기사업'을 국가적 목표(國家的 目標)로 정하여 추진(推進)하자"고 선포(宣布)하였다.

1970년 4월 22일. 이렇게 한국 새마을운동은 시작되었다.

3. 새마을운동 추진전략(推進戰略)

1) 제1단계 시험사업(試驗事業) : 1970년 11월부터 1971년 5월까지 농한기(農閑期) 7개월 동안에 전국 3만 3000개 마을에 일제히 시멘트〔洋灰〕 335부대씩 똑같이 배부하고 마을 자력 추진 성과(自力推進成果)를 시험하였다.

3만 3000개 마을 중 약 절반인 1만 6000개 마을만 성과를 거양(擧揚)하고 (41억 상당 물자 지원하여 122억 성과 거양), 나머지 절반은 시멘트를 버려 두고 일을 하지 아니하였다. 불신과 나태심 때문이었다.

2) 제2단계 차별화 전략(差別化戰略) : 성과를 거양한 1만 6000개 마을에

한하여 시멘트[洋灰] 500부대[袋]와 철근(鐵筋) 1톤씩 추가지원[自主意志幇助]하였다.

이때 정부는 자립 의지(自立意志)가 있는 마을부터 우선 지원(支援) 후 성과에 따라 기초 마을, 자조 마을, 자립 마을 순으로 확대 지원하였다.

농민들은 신바람이 나서 밤에 햇불을 들고 마을길 넓히기, 다리 공사, 부엌·우물 개량 등 새마을가꾸기 사업 열기가 뜨겁게 달아올랐다.

잠자던 마을도 게으른 잠에서 깨어나 새마을가꾸기 사업에 동참하였다. 이렇게 한국 새마을운동은 전국에 들불처럼 확산되었다.

비만 오면 초가집 썩은 사이로 흘러내리는 물을 양동이로 받아 내던 것을 지붕 개량으로 깔끔하게 단장하고, 새로 놓은 다리를 건너 넓은 마을 안길로 비료 운반차가 들어오게 되었다. 지게로 몇 부대씩 운반하다가 집 안까지 비료차가 들어오고, 등잔불 대신 전등(電燈)불을 환하게 켜던 날, 마을 노인들은 천지가 개벽(天地開闢)되었다며 죽기 전에 한(恨)을 풀었노라고 춤을 추기도 했다.

마을 진입로 확장(進入路 擴張)과 다리 건설[橋梁建設]은 농자재와 농산물 수송 차량 통행(車輛 通行)을 가능(可能)케 하여 이후 농가소득과 생활 향상(農家所得. 生活向上)에 결정적 역할(決定的 役割)을 했다.

이처럼 눈에 보이는 사업[可視的事業]부터 시작하여 "하면 되는구나. 해놓고 보니 좋다"는 자신감(自信感)을 갖게 한 다음 소득증대사업(所得增大事業)을 전개[推進]해 나갔다.

4. 새마을운동의 본격 추진[正式投入 新村運動]

차별화 전략(差別化戰略)의 성공(成功)으로 전국에 새마을 열기가 점화 확산(點火擴散)되자 기초 단계 환경개선사업(環境改善事業)에서 다음 단계 소득증대사업(所得增大事業)으로 본격 추진되기 시작하였다.

한편 농촌진흥청(農村振興廳, 農業技術中心)에서는 농업 실용기술(農業實用技術)을 농촌에 보급하여 수입 증대에 박차(收入增大. 再加一鞭)를 가하였다.

농협(農協)에서는 고리채(高利債)를 정리(整理)하고 싼 이자의 농사 자금(低利 農事資金)을 융자(融資)해 주었다. 농협 작목반(農協 作目班)이 소득증대사업 추진 주체(所得增大事業 推進主體)가 되어 협동생산 공동출하(協同生産 共同出荷)로 소득(所得)을 증대(增大)하였다.

땔감〔打此〕으로 민둥산이 된 곳에 나무를 심고〔治山綠化〕, 댐〔蓄水池〕을 건설하고, 지하수를 개발하여 한해〔旱災〕를 면하는 정책도 병행 추진하였다.

* 한국 새마을운동의 성공적 성과 거양과 산림녹화에는 시멘트와 구공탄〔洋灰. 九孔煤球〕이 중요 자원으로 활용되었으며, 1,2차 경제개발계획의 성과로 국가 재정 여력이 **축적(國家財政 餘力 蓄積)되어 농촌 새마을 사업 지원이 가능했다.**

5. 농촌 새마을운동, 공장·건설 현장으로 확산

(강의할 때는 으레 새마을복을 입고 새마을 모자를 쓰고 막간에 새마을복·새마을 노래 제작 경위와 뜻을 해설하고 새마을 노래를 힘차게 불러 열정과 성의에 대한 박수를 받기도 했다.)

농촌의 가난한 농민들이 새마을 노래를 부르며 "우리 힘으로 새마을을 건설하여 5000년 동안 시달린 가난을 물리치고 우리도 한번 잘살아 보자!"고 외치며 열심히 일했다.

근면·자조·협동(勤勉·自助·協同)의 구호를 내걸고 땀흘리며 일하는 농민들을 보며 그 열기가 공장으로, 건설 현장으로 점화 확산(點火擴散)되어 나갔다.

공장(工場) 새마을운동으로 근로사원〔工員〕들의 복리 증대와 생산성 제고(福利增大. 生産性提高 成果擧揚)에 박차를 가하였다.

공장에 야간학교를 설립(夜間學校 設立)하여 정규 학력 인정〔正式學歷認定〕으로 근로사원〔工員〕들의 숙원을 풀어 주었다.

명절에 고향(家鄕)에 가면 교복 입은 딸을 얼싸안고 기뻐하는 어머니의 모습이 눈물겨웠다. 고향에 다녀올 때 여사원들이 고향 잔디〔草皮〕를 한 장씩 떠다가 팔도잔디〔八道草皮〕 운동장을 만들기도 했다.

팔도잔디 운동장에서 대화합 단결 체육대회를 열어 사기를 올리고 신바람 나는 직장 분위기를 조성하여, 생산성 제고와 종업원 복지 증진 성과를 거양하게 된 공장 새마을 성공 사례(大和合 團結勞力 雰圍氣造成, 生産性提高, 福祉增進 成果擧揚 事例)가 등장하는 등 공장 새마을운동이 확산〔新工場 運動 擴散〕되었다.

한편 간호사(看護士)·광부(鑛夫)들이 독일〔德國〕 파견 근무를 자원하여 달러를 벌어들이기도 했다.

중동 지구 건설 현장 열사의 사막(中東地區 建設現場 熱砂 沙漠)에서는 건설 역군〔建設工員〕들이 횃불을 켜들고 야간공사〔夜間工程〕로 달러〔美貨〕를 벌어들여 공장(工場)을 건설하고, 농촌의 과잉인구〔過多人口〕를 공장에 흡수하여, 공산품을 생산 수출(工産品生産輸出)해서 국가 경제가 융성(隆盛)하게 되었다.

이와 같이 1970년대 한국의 새마을운동은 농업의 성장 동력(農業 成長動力)이 되었고, 나아가 한국 산업 전반(韓國 産業全般)에 '우리도 할 수 있다, 하면 된다'는 국민 의지(國民意志 : can do spirit)와 자신감(自信感)이 경제 성장의 동력(經濟成長動力)으로 작용(波及)하여 '한강의 기적〔漢江的奇迹〕'을 이뤄 냈다.

이러한 국민 의지(國民意志)와 자신감(自信感)은 국민 정신(國民精神)으로 승화(昇華)되어 88올림픽〔奧林匹克〕·월드컵〔2002世界盃蹴球大會〕 경기 등을 성공시키고, 금모으기 운동 등 범국민적 노력으로 IMF 외환 사태〔換難事態〕도

극복(克服)하였으며, 태풍(颱風)·홍수(洪水)·폭설(大雪) 등 큰 재해(災害)를 당할 때마다 모든 국민들이 단합(國民的團合)하여 난관(難關)을 극복(克服)하고 있다.

6. 사업평가대회(事業評價大會)

새마을 사업 추진 과정(推進過程)에서 시행착오(施行錯誤)도 많았다. 이를 평가(評價)하기 위해 매년 말에 전국 평가대회(評價大會)를 개최했다.

대통령·장관〔部長〕·성장·현장과 새마을 지도자〔新村運動 指導者〕들 3000여 명이 참석(參席)하여 공과(功過)를 평가(平價)하고 우수 지도자(優秀 指導者)와 직장(職場)을 표창(表彰)하였는데, 이때 성공 사례(成功事例) 발표가 핵심(核心)이었다. 왜냐하면 그 내용이 전국에 전파 확산(內容 全國 電波擴散)되어 그 파급 효과(波及效果)가 지대(至大)하기 때문이다.

그 성공 사례(成功事例) 1호(1號)가 바로 하사용(河四容) 지도자였고, 부녀 지도자사례(婦女指導者事例)는 정문자(鄭文子) 지도자였다. 그 사례 내용〔事例 要旨〕은 다음과 같다.

하사용(河四容, 1930년생) **농촌 지도자**(農村領導者) **사례**(事例)

• 가난한 농가 8남매 중 4남으로 태어나 풀뿌리죽으로 겨우 연명하며 점심도 굶고 사는 형편이라서 초등학교 2학년 때 50전 월사금을 내지 못해 학교를 중퇴〔小學校 2學年 50錢月學費不納中途退學〕하고 심부름꾼(跑差事的零工) 등으

로 연명(延命)하다가 군(軍)에 입대하여 사경〔死境〕을 겪고 제대 후 신경복 처녀와 결혼(結婚)하였다.

• 신혼 초 가난을 면하고 잘살기 위한 목표를 정한 후 아내와 3년 동안 헤어지기로 결심한 다음 채소 농가로 머슴살이〔雇工〕를 떠났다. 아내도 식모살이〔做飯的女傭人〕를 떠났다.

• 차비·우표 값을 절약하기 위해 3년간 상봉도, 편지도 하지 말자고 언약한 후 열심히 일했다. 품팔이꾼〔賣力氣的〕이 아닌 주인정신(主人精神)으로 일했다. 주인의 신임을 얻어 품삯〔工資〕도 넉넉하게 받았다.

• 3년 후 부부는 기쁘게 재회〔重逢〕하여 부부(夫婦)가 3년간 벌어서 모은 백미 17가마(1草包＝80kg)로 박토 자갈땅〔碎石土〕 270평을 사서 귀퉁이에 움막〔小棚〕을 짓고 신접살림 겸 농토 개척을 시작하였다. 후에 돈을 모아 양옥집을 짓기 전까지 이 움막에서 자녀 4남매를 공부시키며 살았다.

억척 노력〔屬强〕으로 돌을 주워 내고, 복토·시비(覆土施肥)하여 옥토(沃土)를 만들었다. 처음엔 오이·호박·무·배추 등을 심었는데, 종이에 기름 먹여 보온, 조기 재배, 조기 출하(保溫早期栽培早期出荷)로 남보다 10배 많은 소득을 올렸다. 땅 2100평(7畝)을 더 사서 본격 원예 농업 전문가〔蔬菜農業 專門家〕로 발전하였다.

절용·절식〔省吃儉用〕하다 보니 영양실조로 폐결핵(肺結核)이 재발하였는데 아내의 지극정성으로 회생(回生)된 후 마을을 채소단지〔蔬菜園區〕로 조성(造成)하여 부촌(富村) 마을로 만들었다.

1970년에 16동의 비닐하우스〔蔬菜棚〕를 건립, 국내 최초 비닐하우스(蔬菜棚)시범마을을 만들고 농촌 청년 현장 교육 지도교사〔指導師〕로 위촉(委囑)되기도 했다.

겨울 폭설로 인근 채소 보온 하우스가 무너질 때도 하사용 지도자 부부는 3일 밤을 새우며 하우스에 쌓이는 눈을 쓸어 내렸다.

하우스 안의 어린 채소는 혈육과 같이 애정으로 가꾸고 있는 생명체이기 때문에 하사용 부부의 정성은 지극하였고 어린 채소는 무사했다. 그리고 주인에게 높은 값으로 보상했다.

영농후계자 교육 때면 항상 다음과 같이 가르쳤다.

"하루는 다시 새벽이 없고, 청년은 두번 다시 오지 않는다.
정성은 하늘도 감동시키고, 공든 탑은 결코 무너지지 않는다.
〔一日不再辰. 靑年不再來. 至誠感天. 功塔不壞〕"

그는 생생한 체험적인 정신교육(精神敎育)과 채소 재배 실용기술(蔬菜栽培技術)을 농촌 청년들에게 학습(學習)시켰고 과학영농〔科學的想法農業〕을 강조(强調)하였다.

영농에 성공하려면 체력·지력·노력(體力·地力·努力)을 명심하라고 당부하기도 했다. 즉 튼튼한 체력과, 옥토의 땅심과, 땀흘리는 연구 노력으로 무에서 유를 창조해 내야 한다고 가르쳤다.

• 1970년대 초 마을 환경개선사업(環境改善事業)에 이어, 소득증대사업(所得增大事業)으로 채소 조기 재배 하우스 40동〔蔬菜棚 40棚〕에서 호당 소득 100만 원(지금 돈 人民幣 20만 위안)의 실적(實跡)을 올렸다.

1970년 11월 농어민 소득증대특별사업 경진대회에서 전국 1위를 하고 최초의 전국 평가대회 성공 사례(成功事例) 제1호를 기록하였다.

발표가 끝나자 3000여 명이 기립 박수로 열렬히 환호(熱烈歡呼)하였고 박 대통령〔朴總統〕이 하 지도자〔河領導者〕의 목에 훈장(勳章)을 걸어 주며 손을 꽉 잡고 "하 지도자는 농촌의 희망적 등불이요, 국민적 스승이며, 이 시대의 영웅이다〔河領導者是農村希望的燈, 國民的老師, 時代的英雄〕"라고 치하〔稱讚〕하고 이러한 지도자〔領導者〕를 1개 군〔縣〕에 한 명씩만이라도 양성(養成)하자고 제언(提言)했다〔이러한 연유로 1972년 1월 14일 농협에 최초 독농가 연수원(篤農家硏

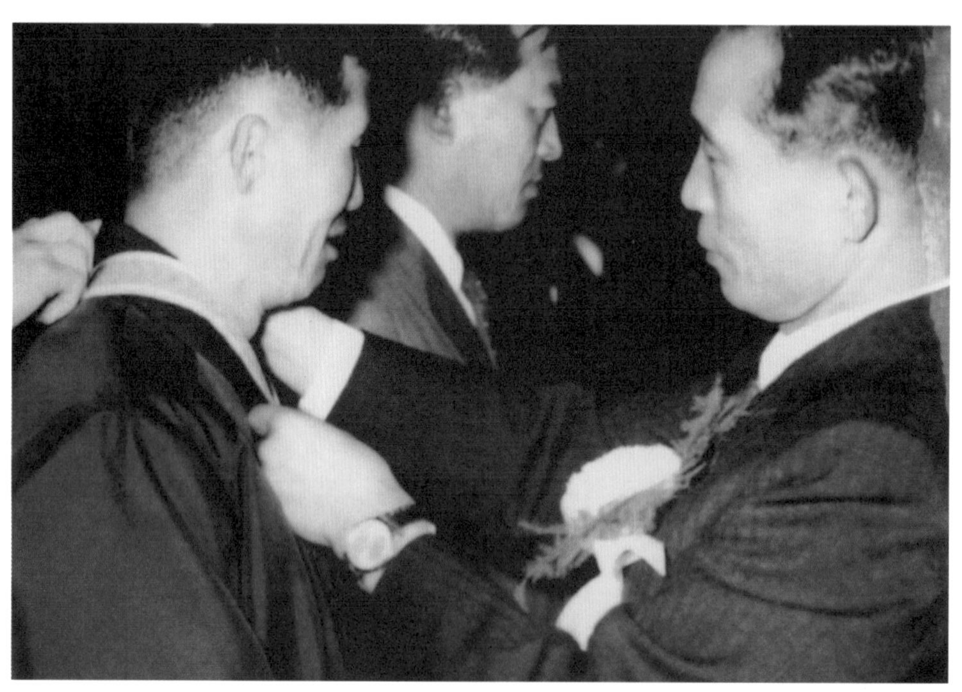

(위) 농어촌 소득증대사업 경진대회 1위로
훈장을 받는 하사용씨.
(아래) 하사용씨 부부가 농장을 개척할 당시의 움막.

修院)이 설립(設立)되었다〕.

• 하사용 지도자는 평소 생활에서도 언제나 시범을 보였다. 커피 한 잔이 배추 다섯 포기 값이라며 안 마시고, 관공서 이면지(官廳 裏面紙)를 수집(收集)하여 편지 봉투 및 편지지로 재활용(再活用)하였다.

근검 절약 생활을 습관화(習慣化)하면서 예금 통장을 12개나 가지고 저축하였다. 그리고 불우한 이웃을 도와주었다.

훈장 받을 때도 검소(儉素)한 작업복 차림이었으며, 청와대 초청 만찬 때 1000만 원 격려금(激勵金 : 당시 땅 몇만 평 살 수 있는 거금)도 극구 사양(辭讓)하였다.

"감사합니다만 이 격려금을 받으면 저의 자립 의지가 약해집니다. 저는 기필코 자립하여 성공하겠습니다."

이같이 확고한 자립 의지를 표명하자 박 대통령〔朴總統〕도 크게 감동(感動)하였다.

• 지속적 창의 노력(持續的 創意勞力)으로 1만 평 토지의 부농(富農)이 되었고, 지금도 연간 10만 개의 버려진 종이컵을 수집(收集)하여 가지·오이·호박·토마토 등 육묘(育苗) 포트로 재활용(再活用)하며 그 수익금(收益金)을 불우이웃돕기 성금〔不遇人 誠金〕으로 보람 있게 쓰고 있다.

하사용 지도자는 친동생들부터 돕기 시작하여 불우이웃돕기에 숨은 공적을 쌓고 있으며 지역 농협 육성 지원과 마을 편의시설 제공에도 앞장서 왔다. 새마을 정신을 생활화하며 한결같이 모범된 생활을 견지하고 있는 것이다〔始終一貫 垂範的生活堅持〕.

최근 주민들이 성심(誠心)으로 송덕비(頌德碑)를 세워 그 공덕(功德)을 찬양(讚揚)하고 있다.

정문자 부녀 지도자(鄭文子 婦女領導者) 사례(事例)

남자들이 게으름 피우고 술 마시고 도박 행위(賭博行爲)를 일삼고 있는 마을에서 정문자 여사(鄭文子女史)는 부녀회(婦女會)를 조직하고 부자 마을 만들기〔致富事業〕에 나섰다.

집집마다 부엌에 절미 항아리〔節米瓮〕를 놓고 절미 저축〔每飯的米一匙子儲蓄〕 운동을 먼저 시작하여 마을 발전 기금(基金)을 조성(造成)해서 밭 300평〔田地 1畝〕을 사고, 공지〔休閑地〕를 개간(開墾)하여 소채 재배 소득(蔬菜栽培所得)으로 마을 구판장〔小鋪〕을 개점(開店)하였다. 그 수익금(收益金)으로 새마을 사업을 추진할 수 있는 기초(基礎)를 만든 다음, 남자들을 감동(感動)시켜 시범(示範) 새마을을 만들고 후에 동장〔鄕長〕이 되었으며 지금은 부녀봉사회장(婦女奉仕會長)으로 일하고 있다.

부녀회를 조직하여 활동할 때 "암탉이 설치면 집안 망한다"고 반대하던 노인들을 회관에 모셔서 한 상 잘 차려놓고 모두 큰절을 올리면서 "우리가 열심히 모은 돈으로 이렇게 음식을 장만하여 어르신들을 모시게 되었고 기금도 마련했다"며 "지금 우리 마을은 수탉들이 모이면 (술 마시고 도박이나 하니까) 기왓장이 깨지고, 암탉들이 모이면 알을 많이 낳는 형국"이라고 설득하여 부녀 모임을 승낙받았다. 그 뒤 활동을 계속하여 부자 마을을 만들었다.

7. 새마을 지도자 정신교육 내용〔韓國新村運動 指導者(領導者) 情神 敎育(培訓) 内容〕

성공 사례 1호 하사용(河四容)과 같은 지도자를 1년에 1개 군〔縣〕에 1명씩 양성(養成)하기로 하고 농협에 최초 독농가 연수원(農協 最初 篤農家 研修院)을 설립하여 합숙 연수(合宿研修)를 개시(開始)하였는바, 결국 이 교육이 전국 새마을 교육의 효시(嚆矢)가 되었다.

그 후 새마을지도자연수원〔新村指導者研修院〕으로 개칭(改稱), 농협 인력(農協人力)이 주도(主導)하여 다음과 같이 운영하였고, 점차 한국 정신 계발 교육의 모델이 되었다.

1) 원장을 포함한 교수단과 연수생 전원 합숙 교육(研修生 · 敎育要員 · 院長 · 全員 合宿敎育. 生活 卽 敎育 方式)
2) 상호 교육(相互敎育)
3) 전 시설과 환경의 교육 교재화(全施設 環境 敎育 敎材化)
4) 조기 기상하여 국민의례와 구호 제창(口號 齊唱) 후 건강 체조

구호(口號)

— 이상(理想)은 높게, 현실(現實)은 착실(着實)하게 살자.

— 빚〔負債〕지기를 두렵게, 저축(貯蓄)하기를 기쁘게 알자.

— 겉치레〔裝門面〕보다 실속 있는 생활〔內秀的人生活〕을 하자.

실내에서는 일체 금연〔忌烟〕이며, 담배꽁초나 휴지는 꼭 쓰레기통에 버리고 휴지 하나라도 먼저 보는 사람이 주워서 쓰레기통에 넣는 일(작은 일)부터 실천하였다.

· (例) 담배 꽁초를 아무데나 버림은 빚지는 일이요, 말없이 주워서 쓰레기통에 담으면 저축하는 셈이 된다. 생활이 즉 교육(生活 卽 敎育)이다.

이와 같이 새마을운동은 공허한 이론(理論)이 아니고 작은 일 하나라도 바르게 실천(實踐)하고 행동(行動)하는 것이다

· 생각〔想法〕을 바르게 바꾸고 실천하자. 생각이 바뀌면 행동(行動)이 바뀌고, 행동이 바뀌면 습관(習慣)이 바뀌고, 습관이 바뀌면 생활(生活)이 바뀌고, 생활이 바뀌면 운명(運命)이 바뀐다. 농심(農心)으로 생각〔精神〕을 개혁(改革)하여 새로운 운명을 개척(開拓)하자.

낮에는 성공 사례담(成功事例談)이나 정신교육 특강(精神特講)을 듣고, 현지 마을 견학〔考察〕을 한 다음, 밤에는 분임토의(分任討議 : 相互敎育)를 통해서 낮에 보고 듣고 느낀 점 등을 서로 토의(討議)하고 장점은 취(取)하고 과오 · 부실 · 약점(過誤 · 不實 · 弱點)은 반성 · 보완(反省 · 補完)하면서 귀향(歸鄕) 후 활동할 계획서(活動計劃書)를 작성(作成)하여 실천(實踐)하도록 하였다.

원장(院長)과 교수단(敎授團)이 비교육 기간(非敎育期間)에 현장 지도〔事後指導〕를 하여 연수 내용〔培訓內容〕을 실천(實踐)하도록 하고 애로사항(隘路事項)은 정부(政府)에 건의하여 반영(反影)되도록 하였다.

상세한 새마을 교육 교과과정 전개 순서를 소개하면 다음과 같다.

1) 입교 등록 및 입교 소감 작성 : '어떤 사람이, 어떤 수준으로, 무엇을 원하는가?' 하는 피교육자 학습 동기와 수준 측정 분석.

2) 이론(정신교육 포함) 학습과 실제 사례를 통한 문제 제시, 문제점 발견.

3) 야간 분임토의 : 문제점 해결 방안 모색 및 주간 교육 내용의 내면화. 상호 교육.

4) 의사결정 : 현지 견학 확인, 확신, 신념 무장, 의사결정.

5) 종합평가 : (분임토의 종합 발표, 수료 소감) 임무 수용.

6) 귀가 · 수료 후 활동 : 자조적 핵 운동 전개 확산.

7) 사후 지도, 재연수 : 새마을 정신의 생활화 · 지속화. 선도적 실천 행동 현
   지 확인 지도 및 수료생의 소집 재연수.

8) 목표 : 새마을 복지국가 건설에 기여.

8. 정신 계발(精神啓發)의 핵심(核心), 농심(農心)

새마을 정신으로 건설하는 마을이 새마을이다.
새마을 정신〔新村精神〕은 바로 농심(農心)으로 행하는 정신이다.
농심이란 무엇인가?
우리 인간이 가졌던 순수한 마음, 깨끗하고 때묻지 아니한 본마음이다. 생명
을 가꾸어 가며 농사짓던 조상들의 소박한 마음, 참마음, 바른 마음〔正心〕이 농
심이다.

1) 과학적 사고방식(科學的 思考方式) : "콩 심으면 콩 나고 팥 심으면 팥 난
다〔種豆得豆. 種紅豆 得紅豆〕"는 순박한 사고에 젖어 있는 마음, 즉 소박한 과학
적 · 인과법칙(因果法則)을 믿는 마음이 농심이다〔順理正行的想法〕.
오늘날 말로는 과학과 정도(正道)를 내세우면서도 그의 사고와 행동은 비과
학 · 비정도로 행함이 문제이다. 비리를 척결한다고 하면서 이면에 비리를 행
하거나, 꽃게의 중량을 속이려고 납덩이를 넣는 행위는 쇠붙이로 황금을 노리
는 비과학적 · 비정도적 사고로서 이런 생각부터 새마음으로 개혁해야 새사람
이 되고 새사람이 건설하는 마을이 바로 새마을이다.

2) 성실한 실천(誠實 實踐) : 말대로 행하는 성실한 실천력을 갖춘 마음이다.

농사란 말로 되는 것이 아니다. 씨 뿌리고, 김매고, 거름 주고, 벌레 잡고 하는 과정 과정을 하나하나 빠짐없이 제때에 성실하게 실천하지 않으면 농사일은 안 된다〔誠實·眞誠·充實的 姿勢〕.

3) 인과응보의 진리(因果應報 眞理) : 수고하고, 공들이고, 땀흘려 정성으로 가꾸어 준 만큼 결실(結果)을 가져다 주는 인과응보(因果應報)의 진리에 젖어 있는 마음이다. 땀흘려 일한 만큼 가을에 풍성하게 거두고, 게으르면 거둘 것이 없다는 당연한 자연의 이치를 믿는 마음이 바로 농심이다.

4) 강인한 인내력과 왕성한 생명력(忍耐力·生命力) : 농부는 늦은 비, 이른 비를 참고 기다리며 서리와 바람, 더위와 추위 등 대자연의 온갖 시련과 고통을 극복해 가면서 끈질긴 노력과 강인한 인내력으로 가을에 풍성한 수확(收穫)을 하게 된다. 농부도, 농작물도 시련을 견디어 내며 생성하는 왕성한 생명력이 있다.
이처럼 강인한 인내심과 왕성한 생명 생성의 의지가 바로 농심이다.

5) 정직한 순박성〔正直·醇朴性〕 : 농사는 거짓과 협잡이 통하지 않는다. 세상 사람들 간에는 들통이 날망정 일시적으로는 거짓과 부조리가 통할 수도 있으나 대자연을 상대로 하는 농사일에는 부조리나 협잡이 통할 수 없다. 농작물을 보고 뇌물을 주며 "내가 좀 놀다가 올 테니 알아서 잘 자라나 다오" 하는 행위가 통하지 않는다. 이러한 순리를 아는 정직·순박한 마음이 농심이다.

6) 겸손한 자세(謙虛的 姿勢) : 가을 황금 벌판에 벼이삭이 익으면 익을수록 고개를 숙이는 것처럼 겸손한 자세, 대자연의 위대한 섭리에 항상 머리 숙여 감사하는 겸허한 마음이 농심이다. 끝까지 고개를 쳐들고 뻣뻣하게 서 있는 것은 보잘것없고 속알이 없는 쭉정이다. 같은 이치로 고개를 뻣뻣이 곤두세우고

목에 힘주며 거드름을 피우고 교만한 자는 머리가 빈 사람이다. 겸손한 마음이 농심이다〔謙虛的態度 : 成熟的稻穗 漸漸低頭〕.

7) 창조적 생산성(創造的 生産性) : 새로운 생명을 가꾸어 내는 생명 생성 활동인 농사에서는 거의 무(無)에서 유(有)를 창조해 내는 적극적 생산성이 상존한다. 새로운 생명, 새로운 가치를 창출해 내는 창조적 생산 의지가 바로 농심(農心)이다. 성실하게 성공한 농부는 이른 새벽에 다음과 같은 세 가지 궁리를 하고 창발적·생산적 아이디어를 실천하여 결실한다고 한다.

- 무엇을 새롭게 바꾸어 볼까? 〔創新〕
- 무엇을 어떻게 이용해 볼까? 〔利用〕
- 어디다 무엇을 응용해 볼까? 〔應用〕
  (創造精神 : 改變創新, 利用, 應用的 想法)

8) 근면성(勤勉性) : 목표를 정하고 끊임없이 땀흘려 일하는 부지런한 마음이다.

부지런함〔勤勉〕은 목표(目標)를 이루는 기본 행동이므로 예로부터 백행(百行)의 근본이라 했다.

조선 후기의 위대한 경세치용적 실학자(經世致用的 實學者) 다산 정약용(茶山 丁若鏞) 선생은 자손에게 유언으로 근(勤)·검(儉) 두 글자를 남겼다. 그의 사상이 집약된 "항상 부지런하고 검소하게 살라"는 뜻이었다.

9) 자조성(自助性) : 목표를 세우고 한 단계씩 스스로 개척하여 성취하려는 자조·자립의 의지다. 농작물이 스스로 뿌리 뻗어 수분을 취하고, 빛을 향해 가지가 뻗어 나가듯이 의타심을 버리고 스스로 일어서서 살아가려는 마음, 주인 정신이 바로 농심이다.

"하늘은 스스로 돕는 자를 돕는다"는 명언을 상기해야 한다〔向同一目標 一步一步前進. 步步登高. 自助達成努力意志卽主人精神是農心. 想起名言 : 自助者天助〕.

10) 협동심(協同心) : 농사는 서로서로 힘을 합쳐 이루어 내는 협동 작업이다. 서로 어우러져 이루어지는 공동작업의 두레 정신〔協同精神〕은 상부상조의 미덕이요 공동체의 기본 정신이다. 이처럼 농사일이 협동을 기본으로 하듯이 농작물 자체도 잎·가지·몸통·뿌리가 각기 상호 긴밀한 협동으로 수분을 빨아올리고 햇빛을 받아 탄소동화 작용을 하며 생장한다. 촌락공동체에서 농사를 짓는 농부들의 몸에 밴 협동심이 바로 농심이다.

또한 농사는 농작물이나 나무나 가축을 자기의 혈육처럼, 분신처럼 감싸안고 보살피는 애착과 사랑이 없으면 안 된다.

이상과 같은 심성을 두루 갖춘 마음이 농심이며, 이는 원초적이고 순수한 인간의 본마음이다.

이러한 농심(農心)은 자연의 이법(自然的 理法)이요, 순리(順理)의 지혜이다. 원초적 진리(原初的 眞理)의 표상이며 인륜(人倫)의 근본이요 천심(天心)이다. 천심은 바로 애심(愛心)이다. 그러므로 농심으로 행하는 농업은 천하 만업(天下滿業)의 근본(根本)이 되므로 농자를 천하지대본(農者卽 天下之大本)이라 한 것이다.

따라서 "순수한 농심으로 행하면 안 되는 일이 없다〔以農心行無事不成〕".

이 고전 성어(古典成語)는 비단 농업인뿐만 아니라 첨단과학 시대인 오늘날에도, 그 어느 누구에게도 해당하는 불변의 명구(名句)라 할 수 있다.

9. 의지(意志)의 위력(威力)

국력 = (국토+인구+자원+기술)×국민의지(새마을 정신)

國力 = (國土 + 人口 + 資源 + 技術) × 國民意志(新村精神)

$$0 \longleftarrow \qquad\qquad 0$$

$$\infty \longleftarrow \qquad\qquad \infty$$

★ 곱하기에 주의하기 바람. 중국은 국토가 넓고, 인구도 많고, 자원도 풍부하며, 기술도 유인 우주선을 발사할 정도로 앞서가지만 국민 의지가 제로(0) 수준이라면 국력도 제로(0) 수준이 될 것이며, 국민의지가 무한대로 상승하면 국력 또한 무한대로 상승할 것임. 이 단순 공식의 깊은 뜻을 이해하기 바람.

새마을 정신은 0에서 무한대로 발전할 수 있는 힘의 원천(源泉)이 될 수 있다.

• 이번 교육(培訓)을 통해 결심한 사항을 여러분이 한 가지씩만 실천(實踐)해도 중국 농촌이 새롭게 변하여 기적(奇迹)이 일어날 것이다〔我相信大家〕.

끝으로 이 글씨〔揮毫 : 以農心行无事不成〕를 여러분과 여러분 마을, 그리고 전 중국 농촌 발전을 기원하는 뜻으로 대표에게 선사합니다. 여러분의 행복을 축원합니다. 감사합니다〔我祝愿 中國農村發展壯大 農民富起來 我每天都向大家祝愿大家幸福! 謝謝大家!〕.

1. 〈질문〉 한국 동북아과학기술협력재단의 정체는 무엇인가?

자본주의 사회에서는 대가나 이문이 없는 일은 안 한다는데 사스 전염병이 창궐하는 이때 위험을 무릅쓰고 강의하는 이유는 무엇인가?

〈답변〉 한국 동북아과학기술협력재단은 동북아 지역 국가 간의 과학기술, 농업기술, 경제문화 교류협력 및 지원 사업을 통한 공동 발전 및 세계 평화에 기여함을 목적으로 외교통상부의 승인을 받아 1999년도에 설립된 공익 재단이다. 설립자는 소망그룹[所望集團]의 곽선희(郭善熙) 박사이고 주로 소망교회 성도들의 자발적 성금으로 운영되고 있으며 동북아 지역 국가들과 역동적 협력 사업, 의료봉사 사업 등을 통하여 동북아 지역 평화와 공동 번영에 묵묵히 공헌하며 사랑을 실천하고 있는 집단이다.

박애 정신, 공영 정신 없는 배타적 · 이기적 천민자본주의는 발전할 수 없고 지속될 수도 없다. 나는 기독교도로서 이미 받은 사랑을 실천하기 위한 박애 정신으로 왔다. 사랑은 사스도 물리친다는 믿음으로 왔다. 우리의 경험을 전수하여 중국의 가난한 농촌 지역 인민들이 물질적 · 정신적으로 부유하고 행복해지는 데 조금이나마 도움이 된다면 얼마나 기쁜 일인가? 그 기쁨과 보람 외에 달리 바라는 대가는 아무것도 없다. (박수 받음)

※ 당시의 상황을 중국 주재 최재선 박사는 저서 『중국을 품어라』에서 다음과 같이 기록하고 있다.

사스 소문과 영향으로 많은 사람들이 중국을 떠나고 있다. 거리에는 환자를 수송하는 사이렌 소리로 민심이 소란하다. 각국 대사관과 기업 주재원들이 떠나고 중국

인민들이 신음하고 있다. 유럽을 죽음의 도가니로 내몰았던 페스트 전염병이 떠오른다. 그러함에도 생명을 무릅쓰고 계획된 훈련을 진행했다.

정교관 원장님과 우리 일행은 중국 각 지방에서 올라온 고급 관료와 지도자들을 따뜻하게 영접하여 교육을 시작했다. 우리가 걱정되어 중국과학기술협회 류수 부주석과 농함대 향화명 총장 및 과학기술원 교수들이 모두 배석해 주었다.

그리고 류수 부주석은 개학 축사에서 "우리가 병들었는데도 한국의 친구 분들은 우리 곁에 오셨습니다. 우리는 그 은혜를 영원히 기억할 것입니다. 중국 인민들은 한국 국민이 보여 주신 오늘의 우정을 결코 잊지 않을 것입니다. 이러한 사랑의 실천이 바로 애심 양광(새마을) 정신이 아니겠습니까?……" 류수 박사는 울먹이면서 축사를 마치셨고 일행과 함께 끝까지 수강에 동참하였다.

첫 번째로 정교관 원장님께서 새마을운동 경험과 정신에 대하여 강의하셨는데 단순한 지식이나 개인의 경험을 뛰어넘어 중국 빈민 농촌을 사랑하며 헌신하신 열정의 마음이 가득 찬 은혜와 도전으로 훈련생들의 가슴에 감동을 심어 주었다.

점심 시간에 류수 부주석과 티엔 교수, 과기협 교수들과 함께 한국인의 분투 정신과 열정적인 한국 문화에 관하여 대화하면서 새마을운동이 근대 한국인의 정신문화에 주었던 결과를 생각하면서 애심 양광 운동이 앞으로 중국 농촌 정신 계몽의 선진 문화로 정착되기 위한 여러 가지 방안들을 논의하였다.

2. 〈질문〉 한국은 어떻게 고위 인사까지 새마을 교육을 받게 되었는가?

〈답변〉 맨 처음 농협대학 내 독농가 연수원에 새마을 표준 사업〔농로(農路), 지붕 개량, 부엌 개량, 변소 개량, 소교량(小橋梁), 농가 시범 주택 모델 등 17종〕 시설을 설치하고 전국 군〔縣〕 단위로 1명씩 140명 단위로 교육을 시작하였는데 성과가 좋았던바 이들의 건의사항 중에 새마을 담당 공무원, 농협조합장, 군수〔縣長〕 등의 교육 동참 요구 사항이 있었다.

즉 농촌 일선의 경제·행정 책임자들을 교육에 동참시켜 새마을 사업의 중요

성 인식 및 정신혁명으로 자세가 쇄신된다면 손발이 맞아 독농가(새마을 지도
자) 자신들은 분골쇄신, 희생봉사 정신을 발휘하여 새마을 사업을 앞장서서 추
진하겠다는 비장한 결의가 담겨 있어 대통령 특별지시로 이 건의사항이 채택
되었다. 일선 새마을 담당 공무원, 농협조합장, 군수 등 행정 관료의 교육이 확
대되어 가면서 점차 차상위 직급의 교육 동참 건의가 이어져 도지사, 장관, 법
관. 국회의원 등 고위직과 대기업 총수(현대 정주영 회장 등)를 비롯하여 대학교
수, 의사, 변호사, 해외 공관장, 외교관, 종교계 지도자 등 각계 사회 지도층 인
사들도 교육에 동참하게 되었다. 고위직 인사나 사회 지도층이 남녀 농촌 지도
자들과 합숙하며 그들의 성공 사례담을 경청하고 격려하며 상호 격의 없는 대
화를 통하여 이해 증진과 신뢰를 바탕으로 상호 교육이 이루어졌다. 교육이라
기보다 국민화합의 장을 통한 국민정신 승화 차원으로 확대 발전되었다. 외부
와 단절된 한적한 교육 도장에서 순수한 농심으로 돌아가 자아성찰을 할 수 있

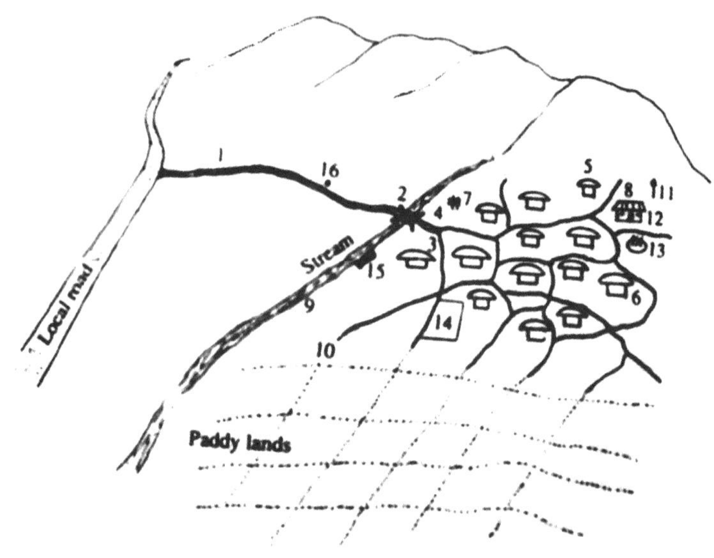

박진환 박사 외국인 강의시 설명 자료(마을 진입로 및 다리 공사 등 새마을 환경개선 사업 설명도.

는 분위기에 공감대가 형성되어 기꺼이 참여했던 것이다. 1981년부터는 세계 각국(특히 동남아시아의 말레이시아·태국, 인도, 아프리카 가나 등)의 지도자가 참석하는 외국인 교육과정이 추가되었다.

외국인 교육 영어 특강은 박진환 박사(Saemaul Movement in Korea)와 영어에 능통한 당시 내무부 새마을 행정 담당 이만의(李萬儀) 국장(Context and Methodology of Saemaul Undong in Korea)이 주로 담당하였다.

3. 〈질문〉 수료생 사후관리는 어떻게 하고 있는가?

〈답변〉 비교육 기간(준비 기간)에는 교수단 자체 수련회에 임하거나 전원이 전국 농촌 새마을 현장에 나가 현지 사후 지도 출장에 임한다.

농촌 현지 사정과 수료생 활동 점검 및 애로사항을 청취하고 성공 사례를 발굴하기도 한다.

본인도 산간오지 부락을 방문하여 새마을 지도자(수료생) 댁에서 숙식을 같이하며 주민 계몽 및 사업에 동참하고 주민 좌담회를 통해 애로사항을 청취하여 행정 관서에 건의하기도 하고 차기 교육에 참고하기도 하였다.

수료생 재연수(소집 지도), 서신 지도, 통신교재(수료생에게 우송) 지도도 실시하였다. 교육 기간에는 연수생들과 합숙 생활을 하고 비교육 기간에 잠깐 집에 들렀다가 교수단 자체 연수를 하거나 사후 지도 출장을 떠나기 때문에 연수원 교수단은 가족들과 떨어져 사는 애로가 있었다. 그러나 보람과 기쁨으로 근무했다.

수료 전야제(수료 전날 밤 과정별로 분임토의 내용을 종합 발표한 후 가지는 다과회 및 여흥) 중에서 합창했던 다음과 같은 교수단의 노래말에서 당시 연수원 교수단의 각오를 짐작할 수 있다.

새마을 사나이는 신념의 사나이

신념의 사나이는 새마을 용사

새 역사의 사명을 두 어깨에 지고

용광로를 달군다 불을 지른다

처자들아 내 마음 이해해 다오

새마을에 몸바친 사나이란다.

　나 자신은 자녀들과의 편지 교신을 가정 교육의 수단으로 삼았던바 후일 자녀들 작문 실력 향상에 도움이 되었다(지금도 그 편지를 모두 보관하고 있다).
　수료생 사후지도 출장시 마을 주민들에게 다음과 같은 전단(새마을 정신의 생활화)을 배부하고 주민 교육을 실시하기도 하였다.

새마을 정신의 생활화

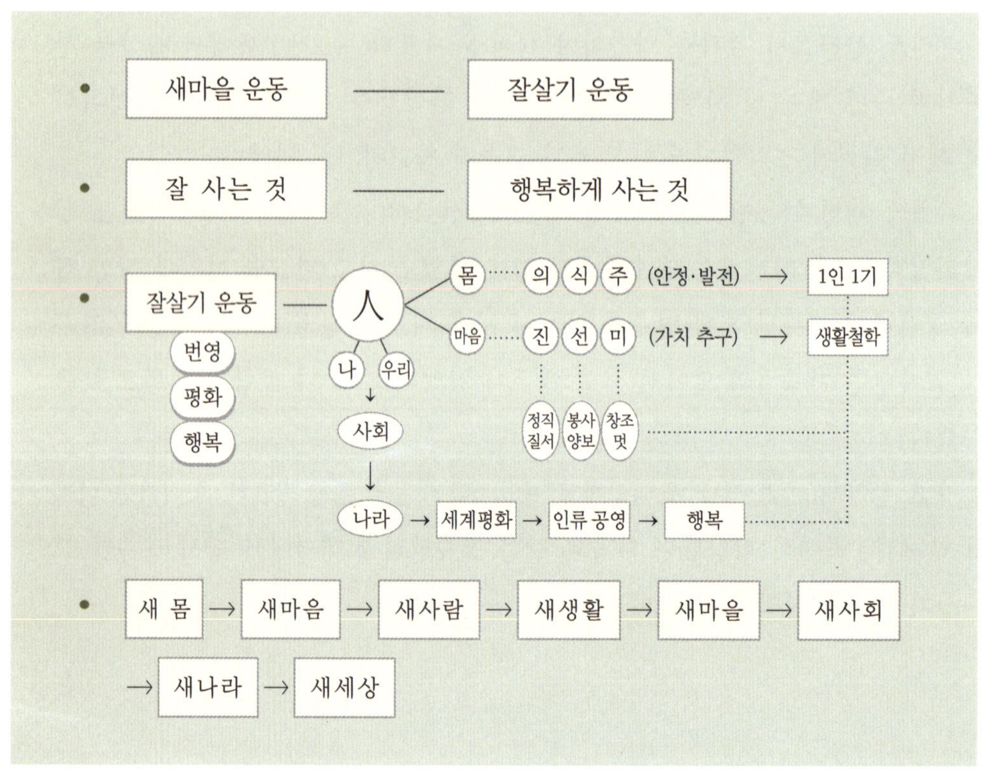

• 새마을 운동은 인간에게 주어진 잠재력을 발현하여 다같이 참으로 행복하게 잘 살자는 운동이다. 그 수단은 부지런히, 스스로, 힘을 합쳐〔勤勉·自助·協同〕 일하는 것이요 마음 바탕은 농심(農心)이다.

끊임없이 생성·발전하는 생명운동(生命運動)이요 인간의 운명(運命)을 개선하는 참운동이며 인간이면 언제 어디서나, 누구나 다같이 지속적으로 마땅히 참여하여야 할 본분(本分)이요 사명(使命)이다.

농심(農心) … 인류 조상의 본마음〔理法·眞理〕

1) 과학적 사고…뿌린 대로 거둔다(질서·원인과 결과가 같음)

2) 성실한 실천…말대로 행하고 실천함〔信賴〕

3) 인과응보율(因果應報律)의 믿음…공들인 만큼 거둠〔正義〕

4) 인내심(忍耐心)…끈기·용기·집념〔克己〕

5) 순박성(淳朴性)…거짓과 협잡을 모름〔正直〕

6) 겸손(謙遜)…감사·사랑·포용〔犧牲·奉仕〕

7) 적극적 생산성(生産性)…새로운 생명, 새로운 가치〔創造〕

8) 근면(勤勉)…부지런히 땀흘려 일함〔百行의 근본. 노동의 神聖視〕

9) 자조(自助)…의타심 배격, 스스로 일어섬〔主人精神〕

10) 협동(協同)…힘을 합쳐 나아감〔和合, 共同運命體 意識〕

以農心行 無不成事

1) 새벽 시간을 활용하여 머리에 그림을 그려라〔構想〕.

2) 신념을 가지고 정진하며 잠재 능력을 키워라.

3) 나쁜 기억을 버리고 희망차게 살아라.

4) 남의 좋은 점 밝은 점을 찾아 칭찬하고 본받아 실천하라.

5) 자기 마음 속에 왕국을 건설하고 그 왕국을 지배하라〔克己〕.

6) 쓸데없는 걱정을 미리부터 하며 겁내지 마라.

7) 결단과 용기를 가지라. 의로운 일을 밀고 나아가는 사람 앞에서는 귀신

   도 물러선다.

8) 고난을 광명으로 바꿔서 감사하고 사랑하라.

9) 항상 순수하고 진실하라(가식은 禁物이다).

10) 가정을 늘 밝게 하여 천국을 만들어라.

行善之人, 如春園之草, 不見其長, 日有所增

行惡之人, 如磨刀之石, 不見其損, 日有所虧

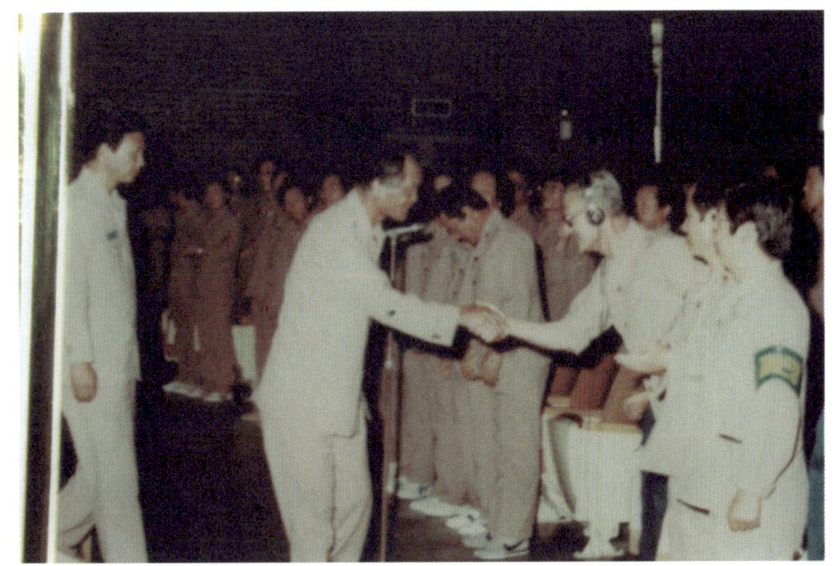

김준 원장의 농심(農心) 철학 강의는 새마을 정신 교육의 핵심이었다.

새마을지도자연수원의 새벽 체력단련(조깅).

4. 〈질문〉 새마을 연수원 운영 예산은 어떻게 조달하며 교육 요원은 어떤 사
   람들인가?

〈답변〉 농협(교육 요원 인력지원 및 인건비 부담)과 정부 예산 지원으로 운
영되다가 독립법인으로 발족되면서 기금 이자 수입과 자체 수익 사업 및 수익
자(위탁기관)부담 예산으로 운영하고 있다. 독립법인 발족 이후에도 한동안 농
협 출신이 교육의 주축을 담당하였다.

5. 〈질문〉 농협은 어떠한 조직인데 그러한 중요 사업을 담당하게 되었는가?
   농업 실용기술 보급은 어디서 담당하는가?

〈답변〉 한국 농업협동조합(農業協同組合)은 농협법에 의하여 "농민의 자
주적인 협동 조직을 통하여 농업생산력의 증진과 경제적·사회적 지위(권익)
향상을 도모함으로써 국민경제의 균형 있는 발전을 기함을 목적으로" 설립된
조직이다.

주요 사업으로는 생산 및 생활지도사업, 구매사업, 판매사업, 신용사업(농업
은행), 이용사업, 공제(보험)사업 등이 있으며, 자본주의 사회에서 상대적으로
낙후된 농민의 권익 향상을 목적으로 설립된 조직이다. 한국 농협은 하향식으
로 설립되었으나 운영되는 동안 많은 모순점이 보완되면서 조직의 발전을 기해
왔다. 농민의 고리채를 저리 농사 자금으로 대체 지원하고 저가 농용자재 보급,
농협 작목반 조직 운영 교육을 통한 공동생산·공동출하 지도로 농민들의 실익
증진을 도모하여 왔다. 따라서 새마을운동 교육으로서 가장 적합한 조직인 농
협의 인력으로 농협 시설에서 새마을 교육을 시작하게 된 것이다.

독농가연수원 설립 당시 초대 책임자 김준(金準) 원장은 당시 농협대학 교수
로서 몸소 체험을 통하여 터득한 농심철학(農心哲學)을 열정적으로 설파함으로
써 새마을 정신 교육의 핵심 역할을 담당하였다. 당시 대통령 특보로 새마을운

동 정책을 측근에서 보좌하며 연수원 특강에 계속 출강한 박진환(朴振煥) 박사(한국농업경제학회 회장 등 역임)는 농협대학 학장으로 농협인을 양성하였고 한호선(韓灝鮮:전임 중앙회장)은 농협 신분으로 대통령 새마을 담당 비서실에 파견 근무한 경력이 있으며 곽정현(郭定鉉) 부원장, 권순종(權純宗) 사감 역시 농협 신분으로 재직하다가 후일 공장 새마을연수원 원장으로 전임하였고, 조영기(曺瑛基) 부원장(농협 새마을지도부장 등 역임 후 현 농협중앙회 이사)을 비롯한 30여 명의 고급 인력이 10여 년간(새마을지도자연수원이 독립법인으로 될 때까지) 농협중앙회에서 순환보직 형식으로 지원되었다.

본인 역시 서기 시절부터 단위 농협 합병 지도와 경제, 가공, 신용(금융사업), 공제사업, 기획대리와 상무, 지점장을 체험한 농협 출신으로 농협중앙회 자금부 금융계획과장직에서 새마을지도자연수원 교수로 파견 근무 중 농협 부장급 부원장 직위에서 독립법인 소속으로 신분 전환 후 김준 원장 후임으로 연수원장에 봉직한 바 있다. 이상과 같이 한국의 새마을 지도자 교육 시작부터

새마을가꾸기사업 현장을 찾아 주민을 격려하는 박정희 대통령과 박진환 박사.

1970년대 중흥기에 농협중앙회가 교육 지원 임무를 담당하였고 지금도 농협이 한국 농촌경제의 핵심 추진체 역할을 하면서 '1사 1촌 운동, 농촌사랑운동〔愛農村運動〕'을 전개하고 있다.

농민들의 농림 축산 실용기술 개발 · 보급 · 지도는 농촌진흥청 · 농업기술센터(전국 시 · 군별 센터)에서 담당하고 있다.

6. 〈질문〉한국 새마을운동이 성공한 요인이 무엇이라고 보는가?

〈답변〉범국민적 운동의 성공 요인은 문화적 특성, 국민성, 시대적 환경 등 제반 여건에 따라 다르겠지만 한국의 70년대 새마을운동 성공 요인은 다음과 같이 요약할 수 있다.

1) 당시 확고한 통치기반의 절대권자인 박정희(朴正熙) 대통령〔總統〕이 직접 선포하여 시종일관 농촌 부흥의 집념을 가지고 관 주도형으로 일사불란(一絲不亂)하게 추진한 점.

(가난한 농촌 출신 대통령으로서 농촌 발전의 집념과 정열을 가지고 농촌 빈곤을 극복하고자 특보 박진환 박사와 관계 장관 등을 대동하고 농촌 새마을 사업 현장을 수시 방문, 주민과 지도자들을 격려하고 실상을 파악 지원하며 새마을 노래를 직접 작사 · 작곡하여 보급하기도 함.)

2) 시간을 요하는 소득 사업보다 사업 성과를 눈으로 확인하여 성취 자신감을 갖도록 하는 가시적 새마을 가꾸기 사업(환경개선사업)을 먼저 추진한 점.

3) 주민 총회로 선출된 무보수의 새마을 지도자가 희생봉사 정신으로 추진하여 성취의 보람과 자긍심을 갖도록 한 점(과거 유급 농촌개발지도사들에 비하여 호응도가 높았음).

4) 대부분 자작 농지를 소유한 향촌 농민들이 애향심과 개발 의지로 협동 · 단결하여 "내 마을, 내 땅, 우리 스스로 가꾸어 잘살아 보자"고 의욕적으로 동참한 점.

5) 관료들의 청렴성(淸廉性)과 헌신적 지원 노력(예 : 박정희 대통령 자신부터 청렴한 생활을 하고 농촌 부흥에 대한 집념이 특철하였기 때문에 산하 관계 공무원, 특히 일선 행정 책임자인 군수(縣長)들이 작업복 입고 훈련화 신고 현지 독려하며, 열정적으로 지원하였고, 저개발국 관료들 중에서 발생할 수 있는 지원 물자 횡령 사례 등 부정행위가 전무하였음).

6) 우수 마을 우선지원 방침에 따른 차별화 정책 : 자력 추진 성과에 따라 마을별로 우수 마을부터 차등 지원하여 자극을 준 점(자력갱생의 동기 부여).

7) 1, 2차 경제개발계획의 성과로 농촌 지원의 재정적 여력이 축적된 점.

8) 농업협동조합의 역할 : 새마을 교육 인력 지원, 농촌 고리채 정리, 저리 농자금 지원, 저가 농자재 지원, 작목반 조직의 생산 출하 등을 지도 · 지원한 점.

9) 농촌진흥청 · 농업기술센터의 역할 : 우수 농산물 품종 연구개발 개량 보급 및 농업 실용기술 연구 개발 보급, 현지 지도로 다수확 소득 증대에 기여한 점.

10) 새마을지도자연수원의 역할 : 지속적 새마을 지도자 정신교육(培訓) 실시로 새마을 정신의 내면화와 지도자들의 정신적 구심점 역할을 수행한 점.

7. 〈질문〉 현재 한국 국민들의 새마을 정신(농심·애심 정신)은 어느 정도 인가?

〈답변〉 무슨 운동이든지 근본이 퇴색하거나 타성에 젖어 변질되는 속성이 있게 마련이다. 그러나 한국의 새마을운동은 수천 년 이어온 가난을 단기간에 극복하고 '근면·자조·협동의 정신' 즉 "순수한 농심으로 땀흘려 일하면 성취가 가능하다", "할 수 있다"는 능동적·진취적·적극적 집념과 자신감으로 국민 의식을 개혁하는 성과를 이루어 냈기 때문에 일상적 생활에서, 또는 고난을 당했을 때 좌절하지 않고 거국적·국민적 노력으로 난관 극복에 임하고 있다. 즉 새마을 정신이 국민 의식으로 생활화되었다고 본다.

1998년 IMF 금융위기 상황에서도 한국민들은 좌절하지 않고 경제적 위기를 창의적 지식과 첨단기술이 요구되는 IT 산업, 바이오산업, 전자, 영화, 음악, 쇼 비즈니스, 스포츠 등에 창의성과 기술 그리고 문화적 열정을 쏟아 극복하고 한 단계 위에 서게 된 사실이 세계적으로 인정받고 있다.

새마을운동은 생명운동이기 때문에 지속적으로 새롭게 발전하게 마련이다. 그러나 국민의 자성 노력(자기 성찰, 개선 노력) 또한 계속 필요하다고 본다.

8. 〈질문〉 현재 한국 농업의 방향 및 유기농업 정책은?

〈답변〉 한국은 1977년에 식량의 주곡인 쌀·보리의 자급 달성이 이루어진 이후 쌀 소비량이 계속 감소되고 있다. 쌀 농업소득이 농업소득의 40% 이상을 차지하고 있어 쌀 농업을 비롯하여 과일·축산·소채농업도 유기농업 및 브랜드화 전략으로 방향을 잡고 있다.

UR(우루과이라운드) 협상 이후 1997년에 환경농업육성법이 제정되었고 1998년에 친환경농업 원년이 선포되었다. 친환경농업은 WTO의 제약을 피해

농업을 지원할 수 있는 방안의 하나이기 때문에 농약·화학비료 사용 감축, 흙과 물 살리기 운동과 함께 친환경 농업을 육성·지원하고 있다.

농산물품질관리법에 의거하여 유기 재배 농산물, 전환기 유기농산물, 무농약 재배 농산물, 저농약 재배 농산물로 구분하여 품질인증을 하고 있다. 유기농법이나 브랜드화는 철저한 신용을 기본으로 한다. 한결같이 농심으로 행하지 않으면 안 되는 것이다.

9. 〈질문〉 열성에 감사한다. 가난한 오지 농촌 마을을 방문 지도해 줄 용의는?

〈답변〉 있다.

* 그 뒤로 운남성 곡청 등 오지 산촌의 소수민족(묘족) 마을을 방문한 바 있다.

10. 〈질문〉 한국 새마을지도자연수원 운영 정책은?

〈답변〉 본인이 새마을지도자연수원 부원장 시절에 쓴 다음 논문(「새마을 교육행정의 특성과 운영 원리」)를 참고하기 바란다.

새마을 교육 행정의 특성과 운영 원리

1. 전 제

성인 교육이란 일정한 목적을 설정하고 계획된 교과과정을 통하여 인간의 행동을 다루는 것을 말하며, 전수 항목은 지식 · 기능 · 사고(思考) 방법 · 가치관 등이고 궁극의 목표는 태도와 행동의 변화에 있다. 특히 성인 교육의 역할은 다음 세 가지로 요약할 수 있다.

첫째, 사회 문화의 내면화 기능이다. 이는 제반 영역의 지식과 학문을 나의 것으로 내면화하여 보다 나은 삶을 영위하도록 하는 것이며, 변천하는 사회에 개체인 나를 적응시켜 삶의 질을 향상시키고자 함을 목적으로 한다.

둘째, 기능의 전수 보급이다. 이는 기술이나 직무 능력을 습득하게 하여 업무 능률이나 생산성을 향상시키는 것을 목적으로 한다.

셋째, 사회의 조화적 통합 기능이다.

이는 사회가 복잡해짐에 따라 관민간 · 빈부간 · 노사간 · 도농간 · 직업간 · 세대간 몰이해가 심화되어 점차 불화 · 갈등 · 불신이 크게 사회 문제로 되고 있기 때문에 이러한 상호 불신과 대립 감정을 없애고 새로운 사회 윤리와 가치관을 정립하여 국민적 대화합을 꾀하고 국가 발전을 도모하기 위한 합일성(合一性 : identity) 형성을 목적으로 한다.

새마을지도자연수원은 새마을 지도자들을 새마을운동의 선도 요원으로 정예

화(精銳化)하여 자조적으로 핵운동(核運動)을 전개하도록 조장하며 근면·자조·협동하는 복지국가 건설에 기여함을 목표로 하기 때문에 위에서 언급한 성인 교육의 세 가지 기능 중 어느 한 가지를 수행한다기보다는 복합적 기능을 수행해 오는 동안 범위가 확대되면서 주로 국민 정신 교육에 치중하게 되었다.

따라서 여기서는 국민 정신 교육 위주의 단기 성인 교육으로 그 범위를 국한시켰고, 교육 행정의 개념 역시 교육 목표 실현을 위한 내부 행정으로 국한시켰다. 또 기술 방법은 현장 경험을 바탕으로 하였고, 기술 목적은 새마을 교육 요원으로 신규 임용되는 교직원의 입문 교육(入門教育)을 위한 것임을 전제한다.

2. 교육 목적과 그 설정 배경

한국 새마을 교육의 첫 시도라 할 수 있는 독농가(篤農家) 교육이 1972년 1월 14일 농업협동조합중앙회 부설로 설치된 독농가연수원(篤農家研修院)에서 같은 해 1월 30일에 시작되었는데, 그 목적 및 설정 배경과 첫 시도가 결실을 보게 된 요인은 다음과 같다.

1) 교육 목적
- 마을마다 의욕과 능력이 있고 부락민의 신뢰를 받는 독농가를 선발.
- 근면·자조·협동의 이념으로 새마을 건설의 핵이 될 수 있는 선도(先導) 농민(중견 조합원)으로 양성.
- 제3차 경제개발 5개년계획의 주요 목표인 농어촌 개발의 역군이 되도록 함.

2) 목적의 설정 배경

1970년 새마을가꾸기사업으로 농어촌의 혁신적 개발을 위하여 새마을운동을 제창한 박정희 대통령의 다음과 같은 구상이 교육 목적의 설정 배경이 되었다.

- 농어촌의 생활 환경을 개선하고 잘 발전하는 마을엔 반드시 우수한 지도자가 있다.
- 이 새마을 가꾸기 정신을 국가 개발의 기본 정신으로 삼아 그 계몽에 힘써야 하겠으며, 특히 지역사회의 패기 있는 일군들을 찾아내 훈련시켜 농촌 지도에 앞장서도록 하는 분위기를 조성해야 한다.
- 해방 후 오늘에 이르기까지 정부가 그동안 많은 농촌 지도자를 양성해 보았으나 참된 지도자가 없다. 농촌 개발을 위해 평생을 바치겠다는 지도자가 1개 군(群)에 1년에 한 사람씩이라도 제대로 양성되었더라면 지금쯤 한 군에 30명의 진정한 지도자가 있었을 것이며, 그와 같은 지도자가 1개 군에 30명만 있었던들 우리 농촌은 이미 오래전에 그 모습이 달라졌을 것이다.
- 따라서 양(量)에 치우치지 말고 질(質) 위주로 함을 원칙으로 하여 한꺼번에 많이 하려 하지 말고 가나안농군학교 같은, 일본 명치유신(明治維新) 당시 의숙(義塾) 같은 산 교육이 바람직하다.
- 복잡한 이론보다 근면·성실의 수범(垂範) 사례 위주로 농촌 개발을 위해 평생을 바치겠다는 신념과 참된 정신을 교육하되 참선(參禪)하는 분위기여야 한다.

3) 첫 시도의 결실(結實) 요인

첫째로, 최고통치자가 깊은 관심을 가지고 직접 교육 방향을 구상하고 지원한 점이다. 교육현장에 들러서 교육 시설을 돌아보며 의자의 높이, 조명 상태, 침실의

난방 상태와 이불의 두께까지 살펴보고 수료 소감을 직접 읽어 볼 정도로 깊은 관심을 가지고 지원해 준 것이 결실 요인이 되었다.

둘째로, 교육 구상자와 교육 담당자 간에 서로 의기(意氣)가 투합한 점이다. 다방면으로 교육 담당자를 찾던 중에 당시 농협대학(農協大學)의 김준(金準) 교수가 천거되었고 그의 교육 운영 계획이 채택되었는데, 김준 교수가 원장(院長)으로 교육을 맡게 된 것은 그의 생애와 사상이 증명하듯이 "한(恨)이 맺힌 농촌의 가난을 몰아내자면 먼저 새로운 정신을 가진 지도자를 양성해야 한다"는 그의 골똘한 염원과 새마을 정신의 뜻이 맞았기 때문이었다. 사재(私財)를 털어서라도 기어코 하고 싶었던 일을 맡았기 때문에 혼신의 노력을 다하여 교육 준비를 하는 과정에 지쳐 쓰러져서도 링거 주사 바늘을 꽂은 채 다시 일어나 뛸 정도로 몰아적(沒我的) 일심(一心)으로 전력투구한 것이 결실 요인이 되었다.

셋째로, 피교육자(被敎育者)의 교육 수요 즉 참여 의욕이었다. 낙후된 농촌을 이상(理想) 농촌으로 발전시키고자 하는 열의를 가지고 밤이 지새는 것도 잊고 머리를 맞대고 분임토의를 계속할 정도로 그들의 필요에 의한 강한 참여 의욕이 결실 요인이 되었다.

정신은 원점(原點), 즉 뿌리가 중요하다. 세대의 변천에 따라 교육 형태가 어떻게 변화되더라도 항상 교육의 원점, 즉 당초의 목적과 그 배경 및 교육 정신의 뿌리는 중대한 의의를 가진다.

3. 새마을 교육의 제 특성

독농가(篤農家) 교육으로 시작된 새마을 교육의 첫 시도가 결실을 보게 되자 필요에 따라 교육 대상, 즉 교육 수요가 확대되었으며, 이에 따라 교육 행정면에서

〈표 1〉 교육과정의 확산

1981. 12.31 현재

과정 신설 연월일	과 정 명	비 고
72. 1. 30	독농가반	72. 3.18 종료(3기)
7. 2	새마을지도자반	현재 계속
73. 3. 4	단위농업협동조합장반	76. 2.21 종료(12기)
5. 27	시군농업협동조합장반	73. 6. 2 종료(1기)
6. 3	특수농업협동조합장반	73. 6. 9 종료(1기)
6. 3	부녀지도자반	현재 계속
7. 8	농지개량조합장반	73. 7.14 종료(1기)
11. 18	경제단체간부반	74. 7.29 종료(5기)
74. 2. 17	농협지도직반	75. 3.12 종료(4기)
3. 24	농수산단체간부반	현재 계속
3. 31	고급공무원반	74.11.16 종료(13기)
7. 21	장차급관반	74. 7.26 종료(1기) 사회지도자반 제1기
75. 2. 16	대학교수반	75.10. 4 종료(4기)
3. 2	중견공무원반	75.11.29 종료(7기)
3. 23	기업인반	74. 4.10 종료(6기)
7. 13	대학생간부반	현재 계속
8. 17	사회지도자반	〃
10. 19	새마을지도자특별반	78.12. 9 종료(16기)
77. 2. 27	공장새마을지도자반	77. 3.19 종료(2기)
3. 20	사회·공장새마을지도자반	77. 3.26 종료(1기)
78. 4. 9	부녀사회지도자반	현재 계속
79. 4. 22	농수산물유통업무종사자반	79. 6. 2 종료(3기)
6. 30	재연수반	현재 계속
11. 19	육사생도반	79.11.24 종료(2기)
80. 2. 18	한국과학원생반	현재 계속
2. 22	전공의(인턴)반	〃
4. 7	자원연수자반	〃
6. 30	공사(空士)생도반	80. 7. 5 종료(1기)
7. 21	농수산공직자반	80. 7.25 종료(1기)
8. 22	새마을특별교육강사요원반	80. 8.24 종료(1기)
9. 2	사회지도층특별새마을교육반	
81. 1. 19	사회중견층특별새마을교육반	81. 2.28
3. 8	새마을교육요원반	
8. 1	재미교포대학생반	81. 8. 2
10. 5	외국인연수자반	

다음과 같은 특성이 나타나게 되었다.

첫째, 교육 대상의 다양성이다. 처음 1군(群) 1명의 우수한 독농가들만을 선발하여 교육을 실시하던 것이 농수산단체 임직원, 관계 공무원, 부녀 지도자, 경제인, 고급 공무원, 교수, 사회 지도자, 대학생 등으로 점차 그 대상이 확대되었으며 농촌 새마을운동이 도시로, 공장으로, 학교로, 군(軍)으로 확산됨에 따라 지난 10년 동안 무려 35개 과정을 운영하게 되었다. 또한 성별·연령·학력이 다르고 자라온 환경이 다르며, 직업이 다른 남녀노소의 각계각층 인사들이 농촌과 도시, 외국에서까지 참여하게 되었고, 기간도 2주에서 11일, 7일, 6일, 3일, 2일로 다양화되었다(표1 참조).

둘째, 교육 목적의 복합성이다. 첫 시도에서는 농촌 개발의 기수(旗手)를 양성할 목적이었으나 범국민적으로 대상이 확대됨에 따라 그 목적도 복합성을 띠게 되었다.

셋째, 시간·장소·예산의 제약성이다. 성인 교육 과정에서 발생하는 일반적 특성이라 할 수도 있겠으나 각기 생업(生業)을 가진 성인과 가정주부들이 생업과 가정을 떠나 며칠간 합숙 생활을 하기 때문에 시간의 제약을 받게 되고, 교육 환경이나 수용 능력에도 제약을 받으며, 운영 예산에도 제약을 받고 있다.

넷째, 교육을 담당할 강사와 교육요원 확보의 어려움이다.

4. 새마을 교육 행정 및 운영 원리

위에서 살펴본 것이 새마을 교육 행정의 특성이자 바로 운영상의 문제점도 되기 때문에 이 문제점을 해결하려는 노력이 곧 교육 행정의 원리라 할 수 있다.

1) 교과 편성

교육 계획이 확정되면 먼저 당해(當該) 과정 교육 목적을 분명히 한 다음 방침을
정하고 교과 편성에 임한다. 교육 목적에 합당한 교과목을 선정하고, 강사에게
강의를 의뢰한다. 이때 어려운 점은 같은 교과목이라도 대상자의 수준에 따라 강
의 전개 방법과 기법을 달리해야 하기 때문에 이에 합당한 강사를 선정하는 데
어려움이 있다는 것이다. 또 합당한 강사가 있다고 해도 꼭 필요한 날짜, 꼭 필요
한 시간에 맞춰서 출강을 교섭하기란 어려운 일이다. 그렇다고 상대방(강사)의
형편에 맞게 임의로 시간을 배정할 수도 없다. 왜냐하면 시간의 배열 순서는 단
기(短期) 성인 교육의 성패(成敗)를 가름할 만큼 중대한 의미가 있기 때문이다.
예컨대 비빔밥을 만드는 과정에서 재료와 양념을 배합하는 순서에 따라 맛이 달
라지듯이 학습 효과가 전이(轉移) 순로(順路)에 따라 크게 달리 나타나기 때문에
강의 시간 배열과 강사 교섭이 동시에 이뤄지면서 보완·조정·확정되는 것이
통례이다. 교무 행정 실무상 어려운 업무가 바로 이 부분이다.

2) 교과 진행

교육 목적에 따른 교육 효과를 십분 거양(擧揚)하기 위하여 전 교직원은 24시간
교육 진행과 연수생 관리에 전력을 집중한다. 단기 성인 교육에 있어서 태도 변
화를 위한 감성 수련의 효과는 일점일획(一點一劃)의 오차도 없는 주밀(周密)한
진행과 교육 분위기 조성을 위하여 쏟는 교육 요원의 정성과 희생적 열도(熱度)
에 비례하기 때문이다.

　따라서 새마을지도자연수원의 경우 ① 전 환경의 교육장화(敎育場化), ② 전
시설의 교재화(敎材化), ③ 전 교직원의 교육 요원화(要員化)라는 운영 방침을 표
방하고 교수가 행정 업무를 겸하면서 교육에 몰입할 수 있는 분위기 조성과 진행

에 만전을 기하는 한편, 식당의 취사부까지도 교육 요원으로서의 사명감을 가지고 교육 효과를 위하여 정성이 담긴 음식을 만들고, 화분 하나를 놓아도 교육 교재로 생각하고 제자리에 놓으며, 비교육 기간에도 교육장으로서의 성스러운 환경 보존을 위하여 일체 금연하는 등 한결같은 치성(致誠)을 다하고 있다.

3) 지원 행정

교수가 행정 업무를 겸하고 있는 것은 교육을 위한 행정 지원을 원활하게 하기 위해서이다. 연수원 내부 행정은 물론 대외적 행정, 즉 예산 확보나 제반 운영 문제 등을 유관기관(有關機關)과 절충하는 과정에서 교육 진행 전반에 걸쳐 소상하게 알지 않으면 제대로 업무를 수행할 수 없기 때문이다.

여기서 중요한 것은 교육 행정, 특히 지원 행정은 '행정을 위한 속성화(屬性化)'를 피하고 교육 성과를 위한 원활한 지원 역할을 다 하면서도 행정 처리는 그 자체가 시범 행정의 교재로서 손색이 없도록 완전무결해야 한다는 것이다.

4) 교육 요원의 선발 및 훈련

교육의 성패는 교육 요원의 자질과 자세에 따라 좌우되므로 교육 요원의 선발과 훈련은 교육 행정의 핵이요 운영 원리라 할 수 있다.

국민 정신 교육을 담당하고 있는 연수 기관이라면 그 담당자, 즉 원장은 사상적 배경이 있어야 하고 교육 요원은 그 사상적 맥락으로 구성되지 않으면 생명력이 없다. 따라서 어떠한 사상적 배경을 가진 사람이 어떠한 인선 기준을 가지고 어떠한 방법으로 인선하여 어떠한 방법으로 훈련시키느냐가 교육 행정의 요체(要諦)가 된다.

새마을지도자연수원의 경우 김준(金準) 원장은 전남대학교 교단을 떠나 동강

원(기독교 수도회)에서 맨발의 성자(聖者)라고 불리었던 이현필(李鉉弼) 선생, 현철(賢哲) 유영모(柳永模) 선생, 현동완(玄東完) 선생 등으로부터 영향을 받고 정련(精鍊)된 사상적 배경과 고아들을 이끌고 가막골에 들어가면서부터 시작된 각고면려(刻苦勉勵)의 생애와 실천적 고행에서 체득한 철학을 바탕으로 스스로 연수원 교수단을 소명을 받은 특수임무부대(Task Force)라고 선언하면서 다음과 같이 인선 기준을 정하였다.

먼저 갖춰야 할 기본 조건으로서 인성(人性)은 ① 투철한 사명 의식을 가진 자, ② 책임감이 확고하고 성실한 자, ③ 인격적으로 타(他)에 모범이 되는 자, ④ 오직 교육에만 몰입할 수 있는 자이다.

연수원 교수는 교수 능력 외에 일반 교육행정가로서의 능력을 동시에 갖춰야 하기 때문에 바람직한 자질을 들자면,

첫째, 다양한 활동에 적응할 수 있는 건강과 정상적 외모를 갖춰야 한다.

둘째, 지능과 통찰력, 교육자적 심성(心性)이 교육 대상자 수준 이상이어야 한다.

셋째, 사물에 대한 종합성(comprehensiveness), 이론의 일관성(penetration), 상황에 대한 융통성(flexibility)과 인간관에 영향을 미치는 철학적·종교적 배경이 있어야 한다.

넷째, 교육적 배경과 지식이 있어야 한다.

다섯째, 집단 속에서 원활한 인간 관계를 형성할 수 있는 유머 감각, 친화력, 화술 등의 기능을 갖추면 더욱 좋다. 그러나 이러한 자질을 모두 갖춘 교육 요원을 확보하는 것은 현실적으로 불가능하기 때문에 지식이나 기능도 중요하지만 먼저 건강과 성실성, 사명감, 그리고 교육자적 인격을 기본 필수조건으로 하고 필요조건은 훈련에 의하여 보충해 가고 있다. 인선 방법 역시 교장 등을 직접 방문

하여 취지를 설명하고 추천을 받거나 수소문하여 적임자를 초빙하는 방법을 택하되 내부 교수단으로 구성된 전형위원회의 전형 절차를 밟아 인선을 확정한다. 특히 교수요원은 시험을 치르거나 본인의 희망 또는 누구의 부탁으로 임용될 수 없고 사전에 철저한 기본 필수조건 탐사에 의한 초빙 형식을 취하고 있다.

인선 후 훈련 방법은 먼저 입문 교육을 실시하는데, 각 부실(部室)별로 일정을 정하여 부문별 입문 교육을 통하여 업무 전반의 윤곽을 파악한 다음 원장의 특별 교육을 받는다. 이때 특수임무요원(Task Force)으로서 사명의식과 행동으로 솔선수범하며 정성을 다하는 '몸공'의 자세, 그리고 안일한 이기적 편의주의와 짐작으로 대강대강 하려는 적당주의를 배격하고 확실성과 완전무결 원칙에서 최선을 다한다는 의미의 '막고 품는다'는 치성(致誠)의 자세 등 교육 요원으로서 취해야 할 기본 자세를 올바로 인식하게 되고 "필요는 발명의 어머니"요 "골똘한 염원은 깨달음을 가져온다"는 진리를 명심하여 항상 확고한 신념과 문제의식을 가지고 주인 된 입장에서 몰두하는 창발적(創發的) 사고의 자세에 대하여 각오를 새롭게 하는 한편, 아류(亞流)의 속성을 버리고 신실(信實)한 의인(義人)으로서 동지적 혈맹의 자세를 다짐하게 된다.

이와 같은 입문 교육을 마친 다음 정규 교육과정에 입교하여 연수생과 똑같이 교육을 받고 난 뒤 연수 소감과 함께 입문 교육 결과 보고서를 제출하게 한다. 이때 새로운 안목으로 건의하는 창의적 제안은 교수회의에 부쳐 토론을 거친 다음 채택하게 된다. 교육 요원의 훈련은 입문 교육 이후에도 수시 또는 정규 자체 연수 형식으로 이뤄진다. 교육 요원의 훈련은 입문 교육 이후에도 수시 또는 정규 자체 연수 형식으로 이뤄진다. 어느 사안에 대하여 그냥 지나치지 않고 전체가 모여 토의 형식으로 훈련을 계속하며, 자체 연수는 직원 즉 행정요원반과 교육요원반이 별도로 이뤄진다. 행정요원반의 자체 연수를 통한 분임토의 결과를 예시하면 다음과 같다.

1) 여자직원반 : 미소로 분위기를 밝게 하자.

2) 식당종업원반 : 정성으로 사랑밥을 짓자.

3) 안내요원반 : 친절로 연수원 얼굴 역할을 다 하자.

4) 운전기사반 : 생명을 소중하게 다루는 데 최선을 다한다.

5) 시청각 및 기관실 기사반 : 자만심을 버리고 몰두하자.

6) 행정요원반 : 주인의식을 가지고 일하자.

교수요원반은 사찰이나 수양관에서 정규 수련을 한다. 먼저 고해성사하는 심경으로 인생역정(life history)을 털어놓는다. 참동지로의 동화(同化)를 위해 어색한 체면이나 가식의 벽을 깨는 데 그 뜻이 있는 것이다. 성직자나 현철(賢哲)들을 초빙하여 강의를 듣고 참진리와 인간도(人間道)에 대하여 대화를 나누며, 자성하는 가운데 부족함을 느끼고, '희생과 봉사'의 참뜻이 무엇인가에 대하여 구도자적 자세로 명상에 들어간다. 때로는 감수성 훈련도 하고 서로 한데 어울려 생활하면서 발을 씻어 주기도 한다. 이와 같이 백련천마(百鍊千磨)의 반복적 수련을 통하여 항상 귀일심(歸一心 : 순수한 본마음, 즉 원점으로 돌아가자)의 자세로 녹슨 마음을 갈고 닦으며 풀어진 나사를 조인 다음, 의인의 동지 의식을 굳히고 합일된 사명감과 새 정신으로 결속하여 교육에 임한다. 이어 자율적으로 경전을 읽고, 교육학·철학·심리학·사회학·안보·경제 등 두루 교양을 넓히며, 국내외의 각종 연찬회에 참여하며 매년 1인당 최소 한 편씩 논문을 작성한다. 한편 외국인 교육을 위하여 외국 언어 훈련에도 열중하는 등 교수 기능에 필요한 자질을 갖추기 위하여 부단히 정진하고 있다.

5. 결 론

새마을 교육이 시작되어 10년이 지난 오늘날 교육 방식에 대하여, 또는 교육 행정 및 운영 방식에 대하여 발전적 여망(輿望)에서 이론(異論)이 분분하다.

새마을운동 자체가 부단히 생성·발전하는 생명운동인 것처럼 새마을 교육 행정 또한 새롭게 발전되어야 하고, 또 그렇게 발전되어 가고 있다.

그러나 분명한 사실은 새마을 교육에 관한 한 현장 경험이 없이 탁상에서 정형된 이론을 구사하기란 어려우며, 정형된 이론으로 새마을 교육이 이루어지는 것도 아니라는 것이다.

교육 목적에 따라, 대상에 따라 경험을 토대로 창의적으로 대처한 뒤 그 결과의 평가 분석에 따라 부단히 조정(feed back)하여 나아가는 가운데 발전할 뿐이다. 물론 학문적 연구와 뒷받침은 절대 필요하지만 그것이 본래의 나무를 가꾸고 뿌리를 튼튼히 하는 거름 역할인 것을 모르고 뿌리 자체에 손을 댄다면 이미 그 생명은 죽는 것이다.

태도 변화란 이론으로 이뤄지는 것이 아니고 특수한 분위기 속에서 복합적 요인으로 인한 '느낌'으로 이뤄지는 것이기 때문에 항상 그 근본 뿌리는 튼튼히 뻗어 나가도록 가꾸면서 변천되어 가는 시대적 상황과 교육 수요에 적응하여 나가야 한다.

새마을지도자연수원의 경우, 연수원 운영의 생명이요 뿌리라 할 수 있는 몇 가지 근본을 들자면 다음과 같다.

첫째, 원장 이하 전 교단이 순박·신실(信實)을 숭상하며 농심(農心)의 사상으로 뭉친 동지적 결합체라는 것.

둘째, 이상은 높이 두고 앙철천(仰徹天)하며, 행동은 현실에 착실(着實)하여 잠

투지(潛透地)하되, 새마을 즉 복지사회가 교육을 통하여 이뤄진다는 확고한 신념에 차 있다는 것.

셋째, 꾸밈새가 없이 소박하고 우직한 정성으로 일관하는 것.

넷째, 원장도 청소부요 청소부도 원장이라는 주인 정신을 가지고 모두 일심동체로 전력투구한다는 것.

다섯째, 항상 능동적이고 적극적이며 창조적 의지로 절차탁마(切磋琢磨)하되 모두에게 배우고 모두를 사랑으로 포용하며 의연하게 대처하는 겸허한 자세를 견지한다는 것이다.

이러한 근본이 교육의 생명을 용출(湧出)시키는 원천이요 원내 교육 행정과 운영의 원리이며, 이렇게 만드는 것이 외부 지원 행정의 임무이기도 하다.

새마을지도자연수원 재직시의 초심으로 돌아가 열성을 다한 만큼 반응도 좋았다. 1970년대 초 새마을 열기를 다시 느낄 수 있었다.

중앙과기협 부주석 류수 박사(劉恕博士)는 오찬을 함께 하며 저서(『沙産業槪述』)에 친필 서명하여 기념 선물로 주면서 나에게 박사 호칭으로 정중하게 감사의 뜻을 표해 주었다. 성장 출신으로 중앙 고위직에 있으면서도 학자풍의 온화하고 자상한 정감을 주는 훌륭한 분이었다.

"한국 새마을운동까지 중국에 넘겨주면 우리 농촌은 어쩌란 말이냐?" 하는 우려와 핀잔에도 불구하고 나는 5년간 약속대로 계속 출강하였다.

1970년대 대한민국의 성장 동력이 되었던 새마을운동 물결은 이미 태국, 말레이시아, 베트남, 중국 등지로 서천(西遷)하여 새로운 성장 동력으로 뿌리를 내리려 하고 있다.

중국은 개혁·개방 이후 이스라엘·네덜란드·덴마크·일본·유럽·미국 등 선진국에 많은 인재를 내보내 산업 전반에 걸쳐 인력을 대거 양성하고 현지 연구를 하고 있으며, 한국 새마을운동에 관해서도 수많은 연구 서적과 다방면의 정보를 보유하고 있고 또 이미 잘 알고 있다.

다만 한·중 우호 증진 차원에서 우리 경험을 전수하는 동안 중국 전역, 각계각층 지도자들과의 대화를 통해서 나 나름대로 성실한 믿음의 민간 외교를 펴고 있으며, 현장 고찰을 통해서 중국 문화의 바탕과 거대한 중국 개혁·개방 물결의 실상을 파악하고 배우는 바가 도리어 많다.

베이징〔北京〕 과보원(科普園)

베이징은 3000년 역사의 고도(古都)이다. 중국 화북성 중부 평원에 위치한 총면적 1만 7000㎢, 인구 1000만 명의 중국 정치·행정·문화·교육 중심 직할 특별시이자 관광자원의 보고이다. 원나라 수도 이후 1000년 수도로 만리장성·자금성·이화원 등 도시 전체가 박물관이라 해도 과언이 아니어서 세계 도처에서 관광객이 몰려든다. 2008년 베이징 올림픽 대회를 앞두고 도시 전체를 새롭게 단장하고, 특히 올림픽 경기장 주변에 거대한 민속촌을 조성하여 볼거리가 늘었다.

애심-양광 배훈계획(愛心-陽光培訓計劃 : 새마을 교육)은 초기 2년간 대부분 베이징 서남쪽 약 150㎞ 지점 방산구 서장촌에 위치한 중국과학기술협회 연수원 과보원(科普園)에서 합숙훈련으로 진행되었는데, 초창기엔 2만여 평의 부지가 마치 사막처럼 황량(荒凉)했다(당시 베이징 서쪽 변방은 매년 1㎞씩 사막화되어 가고 있었다).

그러나 과보원 내에 지하수 관정을 설치하여 미루나무 묘목과 유실수 등을 시범 재배하고 양어장, 타조 사육장, 버섯 재배사 등을 설치하여 시범 운영하는 한편 잔디 재

베이징 과보원(科普園) 앞에서.

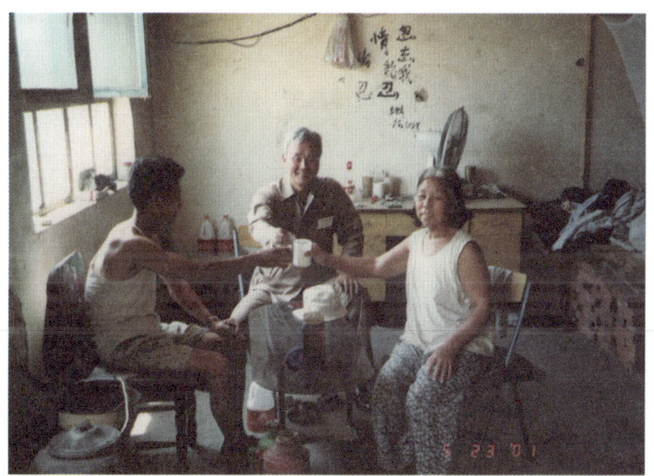

인근 촌의 노부부와 함께 정담을 나누며.

배 시범포로 골프 연습장을 만들어 지금은 "사막을 옥토로 만들자!"는 구호에 걸맞게 환경이 조성되었다.

초기 교과목은 대체로 다음과 같이 편성되었다.

한국측

1) 개학식 (向華明 總長 式辭. 劉恕 博士 致辭. 韓國 代表 致辭)

2) 한국 새마을운동 발전 과정, 새마을 정신 및 성공 사례 (鄭敎寬)

3) 세계 무역 환경 변화의 대응 방안과 리더십 (崔在善 박사)

4) 잔디〔草坪〕 산업의 전망과 재배 방법 (이상재 박사)

5) 자연농업 (趙漢珪 會長)

중국측

6) 沙産業是陽光農業. 先進農業方向 (劉恕 博士)

7) 資源有限, 智慧無窮. 變不毛之地爲沃土的沙産業 (田裕釗 博士)

섬서성 연안(延安)

　　　　　　　전국 각지의 지도자들이 베이징 과보원까지 집합하는데 기차로 버스로 며칠씩 걸리기 때문에 2002년부터 서북부 원거리 각 성(省)·현(縣)에 강사진이 출강하기로 하였다. 인천공항에서 베이징까지 가서 다시 국내 항공편으로 갈아타고 몇 시간, 다시 공항에서 현지까지 육로로 몇 시간 달려야 하는 강행군이 계속되었다. 첫번째 현지 출강 교육장은 연안(延安)이었다.

　중국 섬서성(陝西省) 북부에 있는 연안은 중국 공산당의 근거지다. 마오쩌둥〔毛澤東〕 주석이 대장정 끝에 공산당 혁명을 성공시킨 거점으로 연안 보탑산에 혁명기념탑과 공산당 학교가 있다.

　마오쩌둥은 1893년 12월 호남성(湖南省) 상담현(湘潭縣) 소산(韶山)에서 자작부농(自作富農) 모인생(毛人生)의 아들로 태어나 농사일을 하다가 신학문의 뜻을 품고 동산소학교를 거쳐 장사(長沙) 제일사범학교에 진학하였다.

　『수호지』·『삼국지』 등을 탐독하며 무전여행을 하던 중 시골집 위패당에 천신(天神), 지신(地神), 황신(皇神), 제신(帝神), 양친상(兩親像), 사부상(師父像), 공자상(孔子像), 불상(佛像), 십자가(十字架) 등을 나란히 모셔 놓고 다신숭배(多神崇拜)하는 나약

한 모습을 개탄하며 국민 계몽을 위한 신민학회를 조직, 신사상 운동을 전개하였다. 제일사범 재학 중에 쓴 논문 「심력론(心力論)」은 높은 점수를 받았다고 한다.

북경대학교에서 근로 학생으로 공부하며 신민학회를 공산당 조직화하여 신해혁명에 가담하기도 하였다.

아편전쟁 이후 중국은 영국 · 포르투갈 · 일본 · 프랑스 · 독일 · 러시아 등이 주요 도시를 모두 조차(租借), 조계화(租界化)하여 반식민지가 된 상태에서 정부와 사회의 부패, 방탕, 부조리, 무질서, 도의심 타락, 미풍양속 붕괴로 민생은 도탄에 빠져 있었다. 이러한 구악(舊惡)의 사회적 현상으로 인해 민족주의, 구국 근대화 운동으로서 손문의 삼민주의(三民主義)나 공산당 선전 이론이 설득력을 얻는다. 드디어 1919년 북경대학생을 중심으로 5 · 4 학생운동이 폭발하였다. 5000여 명의 학생들이 국권 회복, 내국의 적 응징 등의 구호를 외치며 궐기하여 반제 · 반봉건 대중운동으로 확산되었다.

이러한 상황에서 소비에트 중국 공산당이 결성되었으나 당시 소비에트 동방 우회 작전으로 국민당(孫文 · 蔣介石)과 국공합작을 하게 된다. 장개석은 소련 적군식 황포군관학교를 설립하고 합작정부에 참여한 마오쩌뚱은 비밀리에 별도 공산당 조직을 확장한다. 겉으로는 손문이 제창한 삼민주의(민족 · 민권 · 민생) 준수와 식 · 의 · 주 · 행(食 · 衣 · 住 · 行)의 농업발전 정책 및 충 · 효 · 인애 · 신의 · 화평의 민족정신 고양에 합의하였으나 동상이몽 상태에서 1925년 3월 손문이 사망하자 다시 국공이 분열된다.

농민조직 · 농민혁명에 실패하자 정강산으로 도피한 마오 홍군은 농민 대중 속으로 잠입하여 세력을 확장, 유격 전술(敵進我退. 敵據我擾 . 敵疲我打. 敵退我追)로 대항한다. 1933년 미국 · 영국 · 프랑스의 원조를 받아 신무기를 동원한 장개석군(100만 대군과 200대의 비행기)의 대규모 소공 작전에 패퇴하면서 홍군의 대장정〔西遷〕이 시작

된다. 복건·강서·호남·광동·운남·귀주·사천 등 11개 성과 18개 협산준령, 17 개 강을 건너 사막 등지로 공습을 피해 도주하는 동안 30만 홍군은 3만으로 감소한다. 그러나 12개월 동안 3만여 리 대장정의 탈진 상황에서도 마오쩌둥은 2억 인민들에게 공산 사상의 씨를 뿌리며 섬서성 연안에 당도한다.

마오쩌둥은 연안에 은거하며 항일 민족공동전선 구축을 명분삼아 장학량의 반란 (서안 사건)으로 궁지에 몰린 장개석군과 제2국공합작을 성사시킨다.

항일 장기 지구전을 펴는 동안 마오쩌둥은 항일 민족통일전선, 유격 전술, 신민주 주의론 등을 내세워 홍군 정예 부대와 대장정 중에 뿌려 둔 사상의 씨앗을 토대로 중 국 공산당 영도권을 확립한다.

중일전쟁·태평양전쟁을 소생의 기회로 승화시킨 마오쩌둥은 우여곡절 끝에 1949년 노동자·농민·소시민·민족자본가·해방군이 국가의 주체가 되는 중화인 민공화국을 수립하게 된다.

이러한 연고로 연안 인민들은 대단한 자부심을 가지고 있다. 이곳에서 신농촌운동 을 먼저 성공시키고자 하는 의지 또한 대단히 강렬하였고, 중앙정부의 관심 또한 지 대한 것으로 보였다.

2002년 5월 중국 농함대와 연안시 과기협 주관으로 개최된 제7기 애심-양광 배훈 학습은 특별하였다. 교육 대상도 부현장급 이상 정예 공무원 200명이 선발되었고 연 안시장, 서기, 과기협 주석 등 수뇌부와 중앙 단위 농함대 총장, 과기협 서기(程東紅) 도 참석하였다. 한국측에서는 곽선희 이사장, 강명진 중국 지원부장, 최재선 박사와 본인이 참석하였다.

중요 학습 과목은 '한국의 새마을운동과 새마을정신', 'WTO 이후 대처 방안' 등이 었는데, 개막식에서 다음과 같은 요지의 곽선희 박사 특강이 있었다.

섬서성 연안(延安) 배훈 개학식 장면.

한·중 합작 애심-양광 배훈계획 제7기 배훈반 기념촬영(2002.5.7).

세계화 시대에 적응하는 강한 리더십(Powerful Leadership)

- 지도자상의 역사적 맥락과 그 배경에 나타난 의미

  바른 지도자의 바른 정치가 바른 경제를 발전시킬 수 있기 때문에 자연 여건보다 지도자의 리더십이 중요하다. 좋은 여건 속에서도 지도자 1인 때문에 못사는 경우가 있고 반대로 악조건 속에서도 지도자 1인의 리더십으로 잘사는 사례가 역사에 나타나고 있다.

- 지도력과 지도자는 별개 문제다.

- CEO로서 나타나는 경영인의 속성

  소유 경영인. 전문 경영인.

  인격적 경영인. 카리스마적 경영인

- CEO의 결정적 특성

  1) 열정 : 일을 즐김

  2) 지성과 명료한 사고, 자유 이성과 합리적 사고 : 설득력과 감화력

  3) 훌륭한 화술 : 진실·성실·언행일치의 실천력을 바탕으로 한 화술

  4) 높은 에너지 : 건강, 의지, 주도적 성격

  5) 억제된 자아 : 자기관리 능력, 겸손, 재기의 집념

  6) 내적인 평화 : 절대적 가치관, 확실한 가치관의 내면화

  7) 가정교육 배경 : 신뢰감으로 성장한 성품

  8) 긍정적 태도와 통찰력(멀리, 높이 내다보는 안목)

  9) 건강한 가정 : 사랑으로 자란 배경

  10) 의로운 일에 대한 용기

- 진정한 지도자는 독재자가 아니다. 선생도 아니다. 기술 만능자도 아니다. 다만 조직이 신바람나게 일하도록 분위기를 만들어 주는 조언자(Mentor, Empowering Leader)격이다.

• 지도자가 되는 10개 덕목

1) 비전, 낙관주의적 자긍심

2) 유연성(변화 적응성)

3) 개척자적 창업 정신

4) 균형 감각

5) 자기 계발, 리더십 연마

6) 계속 공부(새로운 지식 습득)

7) 시대 변화에 신속 대처하는 민감성

8) 세계·신문화 조류 해득, 응용 능력

9) 지식·정보의 구체화, 업무 적용 능력

10) 주도성, 창의성, 용기(추진력)

강의 종료 후 연천(延川)현 소득 증대 시범마을을 방문하였다.

연천현은 섬서성 동북부 해발 900여m의 삭막한 황토고원 지대다. 연평균 기온은 10.6도이고 강우량이 부족한 지역이다. 도로변에는 토굴(입구 3m, 깊이 6m)이 많이 보인다. 여름에 시원하고 겨울에 춥지 않아서 기거하는 데 불편을 느끼지는 않는다고 한다.

새마을 고찰단원으로 한국을 방문한 적이 있는 가우펑란〔高鳳蘭 : 연천현 부서기〕, 지나이룽〔姬乃榮 : 연안시 정치협상회의 의장 겸 연안시 과기협 주석〕의 안내로 우거진촌(禹居鎭村)을 방문하였다. 류사오첸〔劉昭勤〕 부녀 지도자 농장은 5000여 평으로 하우스 8동(천도복숭아·양살구·포도 등)과 묘목 생산 판매로 연간 10만 위안(당시 한화로 1600만 원)의 소득을 올리며 연간 2만 5000여 명의 현장 교육 및 견학 농장으로 유명하다고 했다.

황토고원 구릉지대에 소채 하우스를 많이 보급하여 단지를 조성하고 주민 교육과 함께 소득을 중대시킨 공로로 향(鄕) 당서기에 발탁되어 애심-양광 운동을 맹렬히 하고 있었다.

곽선희 이사장이 방문 기념 식수를 한 다음 마을 학교에 장학금을 전달하고 나올 때 도로변에 주민과 학생들이 도열하여 열렬히 환호하였다.

중화인민공화국의 발원지 연안 지역에서 애심-양광 운동 성공 사례 1호의 싹이 움튼 것은 결코 우연한 일이 아니다.

서안으로 가는 도로변 곳곳에는 '산림녹화' 입간판(植樹造林. 造福後代)이 서 있고 대약진운동 당시 파헤쳐졌던 산자락에 나무심기운동이 한창이었다.

사막화 방지, 황사 방지 정책의 일환으로 산림녹화ㆍ치산치수 잘하는 관리가 외국 자본 유치 실적과 함께 높은 평점을 받는다고 한다.

섬서성 연천현 애심-양광 성공 마을을 방문한 곽선희 이사장과 강명진 국제부 부장.

연도에서 한·중 두 나라 국가를 들고 열렬히 환영하는 학생들과 농민들.

사막과 황토고원을 개발하여 비닐하우스에서 화훼 재배에 성공한 삼서성 연천현 지도자들.

애심-양광 훈련을 통해 토굴 생활을 정리하고 고군부투하여
비닐하우스에서 높은 소득을 올리고 있는 행복한 연천현 농가.

감숙성 무위(武威)시의 포도단지

베이징 과보원 제8기 연수 후 2002년 7월 2일 제9기 연수는 감숙성 무위시에서 진행되었다. 인천공항에서 첫 비행기로 출발, 베이징 공항에 간 다음 국내선 비행기로 갈아타고 란저우〔蘭州〕 공항까지 가서 다시 육로로 다섯 시간 동안 해발 3600m 고원을 넘어 감숙성 북방 내몽고 경계 지역 무위시에 도착하니 한밤중이었다. 다음날 아침 열렬환영(熱烈歡迎)의 현수막 아래서 양국안(梁國安) 무위시장의 영접을 받고 태극기가 드리워진 강당에서 시장을 비롯한 공무원, 농촌 지도자, 과기협 간부 등 300여 명이 경청하는 학습〔培訓〕이 진행되었다.

한국측 대표는 '한국 새마을운동 추진 과정, 성과, 성공 요인', '21세기 환경 변화 대응을 위한 리더십'이란 고정 과목 외에 무위시 사전 요청에 따라 소양 포도 영농 기술자 이영식 포도왕의 '유기농 포도 재배 기술과 전자 상거래에 의한 고소득 창출' 사례 발표를 했는데, 지대한 관심 속에 많은 질의 응답이 있었다.

특히 순베이유〔孫柏瑜〕 인민정부 시장조리는 장래가 촉망되는 젊고 유능한 인재로 보였다. 일선 행정에서부터 인민의 실정을 파악하도록 양성한 후 중앙부서에 기용하는 고위직 인력 양성 정책이 돋보였다.

(위) 감숙성 무위시 포도단지에서.
(아래) 포도 단지 수로에 앉아서.

강의 종료 후 현장 고찰(답사)에 나섰다.

무위시는 해발 2600m의 황토고원 분지로 면적은 3만 3000㎢, 인구는 200만 명, 연간 강수량은 200㎜ 안팎으로 건조하나 내몽고 경계 지역 산맥의 지하수로 관수하며 일조량이 풍부하고 일교차가 심해서 포도 재배의 적지라고 하였다.

먼저 황태(皇台) 포도주 공장에 들렀다. 백주 생산 공장으로 출발하였으나 1998년부터 무위시의 포도 주산 정책 추진 방침에 따라 포도주를 생산하게 되었다는데, 당도가 20~21도로 맛이 좋았다. 고용 인원수는 2000명, 매출액은 연간 1억 3000만 위안(당시 한화 200억 원)으로 중앙정부에 연 4000만 위안 이상 송금한다고 했다.

중국은 고속성장 속에서도 매년 실업자 증가와 부실 공기업 때문에 골치를 앓고 있는 터에 2000개의 일자리 창출과 국영기업의 흑자 경영 모델로 잘 나가고 있어 자부심이 대단했다. 시설은 프랑스와 이탈리아에서 기술이전 조건부로 도입했고 1년 발효, 2년 숙성 방식으로 생산하여 전량 내수 소비용으로 출하하고 있었다(중국 전토의 포도주 생산 순위는 산동이 1위이고 무위는 7위라 함).

무위시 포도 재배 면적은 7000ha(한국은 21ha)로 당시 1kg당 수매 가격은 2원 50전이었으며, 한국의 포도주용 동일 품질과 비교하면 약 4분의 1 가격으로 비교적 높은 가격에 수매하고 있었다.

황태 포도주 공장 직영 포도단지(제8기지 : 240만 평의 광활한 구릉지 포도 재배 현장)에 가 보았더니 프랑스 포도주용 포도나무를 재배하는데 아직은 유목으로 단위 면적당 수확량은 적어 보였고 품질도 거봉 등 한국 우량 포도와는 비교가 되지 않았다. 그러나 황량한 입지 조건에서 지하수를 개발하여 포도 주산 단지를 조성하고 포도주를 생산하며 일자리를 늘리고 인민 소득을 증대시키려는 당서기와 관리들의 의욕은 왕성하고 희망에 차 있었다.

귀로에 룽화집단을 둘러보았다.

농촌 공업화를 선도하는 향진기업(鄕鎭企業)

포도단지 인근에는 룽화그룹〔榮華集團〕이 조성한 농민 집단 문화촌이 아름답게 조성되어 있었다. 이는 철공 노동자로 시작하여 자수성가한 농촌 출신 청년 기업가 장엄덕(張嚴德)이 창업한 21개 유한공사의 노동자 7800명과 그 가족 농민을 위하여 조성한 개량주택 문화촌이었다.

룽화집단은 하우스용 철재와 필름 등을 주로 생산하는 향진기업으로 농촌 잉여 노동력을 흡수하는 일자리를 만들고 농민의 농외소득을 증대시키는 중소기업 집단이다. 창업자 장엄덕은 중앙정부는 물론 지방정부 관리들로부터 두터운 신임을 얻고 있었고, 노동자·농민들로부터도 깊은 존경을 받고 있었다.

우리는 중국 향진기업 육성 지원 정책에 주목할 필요가 있다.

'향진기업' 하면 중국 남부 화시춘〔華西村〕을 천하 제일촌으로 건설하여 화제가 되고 있는 화시춘 당서기 우런바오〔吳人寶〕의 성공 사례담, 난징〔南京〕 발언을 상기하게 된다.

"나는 화시춘 전체에서 가장 많은 봉급을 받지 않고

가장 좋은 집에서 살지도 않을 것이며

보너스도 가장 많이 받지 않을 것이다.

이 같은 3불(不) 원칙을 계속 지킬 것이며 나는 지난 몇 년 동안

2000만 위안의 보너스를 우리 촌에 기증했다."

"집에 황금이 쌓여 있어도 하루 세 끼밖에 먹지 못하고,

집이 아무리 크고 화려해도 잘 때 침대 하나면 족하다."

"혼자서 잘사는 것은 진정한 부유함이 아니다.

촌민 전체가 잘살아야 진정 부유한 것이다.

일개 촌이 잘사는 것은 진짜 잘사는 게 아니다.

전국이 잘살아야 진짜 잘사는 것이다."

불과 200여 세대의 농촌 촌장이지만 앞서가는 농법 도입과 농민들의 근로 의욕 고취로 농업소득을 올리고 향진기업을 유치하여 농외소득을 올리는 한편 다른 지역 견학단을 대상으로 특산품 판매장 겸 숙박시설 화시 금탑반점〔華西金塔飯店〕을 건축하여 향촌 농민의 부수입을 올리고 있었다.

이른바 쾌적한 농촌 문화 공간(Amenity) 조성으로 농외소득을 올림과 동시에 농도 일체(農都一體) 운동의 시범을 보이고 있는 것이다.

장쩌민 주석이나 리펑 총리가 방문하여 "화시춘은 중국 농촌 농민의 희망이다"라고 격찬한 적도 있고 중국 천하 제일촌으로 명명되기도 했다.

이를 본받아 중국 농촌의 향촌기업은 '농촌의 공업화'라는 구호가 등장할 만큼 지난 20여 년간 연평균 21% 이상 우후죽순처럼 성장했다. 2002년 기준 전국 향진기업

향진기업

수는 2200만 개, 취업 인구는 1억 5천만 명, 부가가치 생산액은 3조 위안에 이른다고 한다.

중국 정부의 국유기업보다 다양한 비국유기업은 전체 경제성장의 활력소가 되고 도농간 빈부격차 해소와 실업자 흡수 등 사회 안전망 구축에도 일조하였다.

그러나 이처럼 중국 농촌경제 발전에 중요한 역할을 해왔던 향진기업군도 과도한 중복투자와 규모의 영세성, 기술 수준과 시설의 낙후, 환경오염, 농업생산에의 악영향 등 새로운 문제점을 안고 있다.

이러한 문제점을 해소하고 국유기업과 외국기업과의 경쟁에서 살아남기 위해 향진기업은 변신하려 노력하고 있다. 즉 경영의 합리화·규모화, 기술과 품질 향상으로 제품의 브랜드화를 꾀하고, 외국 자본과의 제휴 및 주식 합작기업으로 변신하는 등 새로운 길을 찾고 있었다.

무위시는 한무제(漢武帝)가 호시탐탐 침범할 기회를 노리는 흉노족을 방어하기 위

곳곳에서 황토 적벽돌을 생산하고 있는 황토고원.

감숙성 노변에서 복숭아를 팔고 있는 노점상.

하여 북방 요새를 구축하고 이름을 무위(武威)라 지은 다음 무사를 파송하였다고 한다. 당시 장군묘〔雷台漢墓〕 안에서 발굴한 동마(銅馬)상은 관광자원이 되고 있었다.

무위시장 초청 만찬은 융숭했다. 산비둘기·양·노루·잉어 요리에 사막 자연 생메밀묵을 비롯하여 20여 종의 약초 나물 등 성찬을 준비하고 지역산 포도주를 계속 권하였다. 청동마상(靑銅馬像)과 천연섬유 벽걸이를 선물하면서 우정의 징표라며 정중하게 감사의 뜻을 표하기도 했다. 우리는 우의장존(友誼長存)을 위한 건배로 상호 교류를 다짐하였다.

무위시에서 해발 4000m의 고지를 넘어 란저우〔蘭州〕 비행장으로 가는 길은 푸른 초원(유채와 보리)의 정경이 평화로워 보였다. 황토고원에서는 곳곳에서 황토 적벽돌을 대량생산하고 있었으며, 노변에서는 부녀자들이 다섯 개에 1위안씩 받고 복숭아를 팔고 있었다.

서안과 돈황의 중간 지점에 위치한 란저우는 감숙성의 성도(省都)로서 왕년의 실크로드 중심지답게 다양한 (도교·불교·이슬람교 등) 복합 문화가 공존하고 있었다. 백탑공원에는 향교와 절이 회교 사원과 나란히 황토강을 내려다보고 있고 주변의 교통·숙박·음식 역시 다양한 문화의 향취로 관광객들을 즐겁게 하고 있었다.

검붉은 황톳물이 흐르는 황토강은 란저우에서 각 하천이 합류하여 황하를 이루는 시발점이라고 한다. 황하는 해마다 토사의 퇴적량이 늘어나지만 준설할 엄두도 내지 못한 채 범람을 막기 위한 치산치수 대책에 부심하고 있었다.

산동성 태안(泰安)·곡부(曲阜)·청도(淸島)

2002년 9월에는 베이징 과보원에서 제10기 강의를 마치고 제11기 태안 배훈계획의 촉박한 일정 때문에 급히 야간열차를 이용할 수밖에 없었다. 베이징 올림픽에 대비하여 하루가 다르게 변모하고 있는 장안가(長安街)·천안문 거리의 화려한 야경을 보면서 베이징역에 도착하니 번화가의 장관과는 달리 북적거리는 인파의 땀냄새가 수복 직후 서울역 광장을 방불케 하고 노숙자들도 즐비했다. 보따리를 기대고 누워 있는 사람들은 열차 시간을 기다리는 가난한 소시민·농부들이었다. 돈이 없어 비행기를 탈 수 없기 때문에 야간 완행열차로 3~4일 걸려 머나먼 베이징을 왕래하는 일을 보통으로 여긴다고 했다.

고급 자가용이나 비행기를 타고 골프를 즐기며 스트레스를 푸는 연봉 1억 원(한화) 이상의 고급 두뇌 소득층과 연평균 소득이 100만 원 내외 하는 빈곤 농민, 일당 2000원 받는 막일꾼, 월급 6만 원에 만족하고 일하는 공장 노동자들이 공존하는 실상을 목도하면서 잠에서 깨어나 고도성장으로 치닫는 거대한 사자의 고뇌를 실감할 수 있었다.

우리 일행이 탄 열차〔火車〕는 준특급 침대칸이었음에도 이층짜리에다 복도에서 떠

들어 대는 소리에 그만 잠을 설치고 태안에 도착했다.

제10, 11기의 배훈은 중국측 요청으로 고정 교과목(새마을운동) 외에 유기농 소채 재배 성공 사례 시간이 추가되어 장성 학사농장 강용(姜龍) 대표와 동행했다.

강용 대표는 대학 졸업 후 허다한 난관을 극복하며 유기농 청정 쌈채 재배 농업에 정착했는데, 7인의 동지를 규합하여 철저한 품질관리와 판촉 활동으로 생산과 유통에 성공한 사례다.

그는 주로 아파트 지역 부녀회원들을 농장으로 집단 초청하여 청정 쌈채 재배 현장을 직접 눈으로 보게 하고 그 자리에서 채취한 싱싱한 청정 쌈채에 불고기 쌈맛을 체험하게 하는 이벤트 행사로 단골 고객을 확보하는 소비자 직거래 방식에 착안하여 성공하였다.

7인의 동지를 포함하여 관리직 13명, 고정 인부 30명으로 연간 30억 원 이상의 매출을 올리고 있는 학사농장은 냉장보관 시설, 현지 매장 등을 설치하고 인근에 청정 무공해 쌈채 생산 작목반을 조성하여 판로를 책임지는 역할로 주민 소득 증대에도 기여하고 있다. 학사농장 강용 대표의 성공 사례담 요지는 다음과 같다.

한국 새마을운동에 대한 교육을 하고 있는 필자.

학사농장(學事農場) 사례

배우면서 일하는 농사, 머리 쓰는 농업을 해보려고 이름을 학사(學事) 농장이라고 지었으나 고생도 많이 하고 청정 무순(새싹)을 일식집에 납품하는 일부터 시작해서 기반을 잡았다.

왜 유기농업을 해야 하는가?

생산자에게는 돈과 보람, 소비자에게는 건강과 만족, 지구 세상에는 깨끗한 환경을 보전하는 숭고한 일이기 때문이다.

화학비료는 1866년 독일에서 처음 만들어 농산물 생산량을 손쉽게 증대시켰다. 그러나 화학비료와 농약의 남용으로 다음과 같은 문제점이 발생했다.

1) 저항성, 2) 격발 현상, 3) 잔류 독성, 4) 산성화, 5) 단립화 현상으로 더 많은 비료와 더 독한 농약을 쓰다 보니 토양은 오염되고 사람은 인체에 독성이 남아 건강을 해치게 되었다.

그리하여 다음과 같은 목적으로 국제유기농업운동연맹(IFORM)이 결성되었다.

1) 자연물질 순환 중단 방지
2) 토양 비옥 피층 유지
3) 오염 방지
4) 영양 높은 건강 식음자재 생산
5) 화석 연료 사용 최소화
6) 가축 생육 조건 개선
7) 부가가치 증대
8) 자연환경과 공생

한국은 다음과 같은 인증표시 등급을 구분 시행하며 친환경농업을 권장하고
있다.

　　1등급 : 3년 이상 농약·화학비료 불사용

　　2등급 : 동 1년 이상 불사용

　　3등급 : 농약 불사용, 소량 화학비료만 사용

　　4등급 : 저독성 농약, 화학비료 사용

- 친환경농산물 생산을 위한 유기농업 자재 예
  퇴비, 나무 재, 광물석, 밀납, 동식물 유지, 천연식초, 황산가리, 마그네슘,
  해조류, 조개피분.

- 고가 판매를 위한 유기농산물 인증을 받으려면 유기농산물 생산 과정 관리
  기록을 철저히 하고 수시 검사를 받아야 한다.

학사농장의 구체적 실천 사례

- 1000평 하우스에서 청정 소채 재배를 시작할 때 다음 사항을 고려하였다.
  첫째, 남이 안 하는 것.
  둘째, 중국에서 수입할 수 없는 것.
  셋째, 쉽게 소비자에게 어필할 수 있는 것.
  넷째, 소비자 기호에 맞고 인기를 얻을 수 있는 것.
  장고 끝에 품종은 샐러리·부추·양상추·파세리 등 20종을 선정하고 재
  배 방법은 힘들지만 유기농법으로 시작하여 3년 만에 정착했다. 소량, 다

품종, 고가 판매 전략을 세워 소비자들이 현장에서 보고 듣고 맛보며 믿고 사도록 하는 전략이 성공한 것이다.

(구체적 재배 방법 및 유기농 퇴비 조제법 소개 내용 생략)

유기농업은 주위 환경부터 깨끗해야 한다.

그리고 전 시간 정 원장님 말씀처럼 진정한 애심 농심으로 꾸준히 노력하여 소비자들로부터 신뢰를 얻어야 성공한다.

산동성은 제반 여건이 좋고 교통조건이 양호하여 대도시에 청정 채소를 신속하게 공급할 수 있는 내수 기반을 끼고 있으나 중국인들은 아직 생야채쌈을 선호하지 않아 단계적으로 수용할 과제이므로 질문 사항이 많았다.

강의를 마치고 공자 75대손 공상인(孔祥仁 : 태안 농함대 학장)의 안내로 곡부 공자묘와 공자 사당을 돌아보았다. 문화대혁명 당시 파괴되었던 공자 사당비가 복구되었고 특히 진시황의 분서갱유 대란시 공자 서적을 보전하기 위해 몰래 숨겨두었다는 담벽인 노벽(魯壁)이 눈길을 끌었다.

공자묘는 '大成至聖文宣王'이라 새겨진 대형 상석 뒤에 있는 왕릉처럼 큰 무덤인데 잡초와 나무가 무성하였다. 중국인들은 전통적으로 묘의 잡초나 나무가 무성해야 자손이 번창하고 국운이 왕성해진다고 믿기 때문에 묘의 벌초를 하지 않는다. 이것을 모르는 한국 기업인 한 사람이 산동성 태안에 공장을 지으려고 시장을 찾아가 공자묘 벌초에 쓰라고 기부금 명목으로 1000만 원을 내놓았다가 시장이 오만방자하고 무례한 자라고 호통을 치며 퇴출시키는 바람에 망신당한 일이 있었다고 한다. 중국 문화를 모르고 소위 꽌시(關係)를 한답시고 돈 가지고 거드름 피우다가 당한 웃지 못할 사례였다.

공 학장에게서 중국어 진장본 『론어(論語)』 한 권과 '지성선사(至聖先師)' 라 새겨
진 동판 공자상을 선물로 받고 점심을 먹었는데, 성찬 8인용 테이블 한 상에 200위안
(한화 3만 원)이었다. 당시 휘발유 가격은 1리터당 2원 83전(한화 425원)이었다.

점심 식사 후 중국 5대 명산 중 으뜸이라는 동악 태산(泰山)에 가 보았다.

"태산이 높다 하되 하늘 아래 뫼이로다. 오르고 또 오르면……" 하는 시조가 떠오
르는 그 태산, 한번 오르면 10년이 젊어진다던 그 신령스러운 태산의 7412개 돌계단
의 높은 산(해발 1532m) 오름길이 지금은 등반가나 참선자들만 이용할 뿐 관광객은
케이블카로 단숨에 올라가도록 해놓았다. 정상의 옥황정(玉皇頂)에 오르니 옥황상제
우상 앞에서 액땜 자물쇠(한 개에 1만 원)를 팔고 있었다.

모든 액운을 자물통으로 가두어 둔다는 미신 때문에 수만 개의 자물통이 어지럽게
걸려 있었다. 명산에 어울리지 않는 애물단지 흉물로 보였다.

저녁에 다시 2등 야간 완행열차를 타고 청도(靑島 : 칭다오)로 갔다. 열차 안에서 만
난 부부 교사는 한 달 월급이 890위안씩, 두 사람 합하여 월 수입 1780위안(한화 27만
원)으로 아들 하나와 세 식구가 행복하게 산다고 하였다. 두 번째로 야간 열차를 타
익숙해진 탓인지 푹 자면서 8시간 후 청도에 도착했다. 값싸고 안전하며 숙박비도 절
약되는 기차 여행의 묘미를 알게 되었다.

청도는 독일 조계지였기 때문에 고색창연한 서구식 옛 가옥들이 언덕의 숲 속에서
앞바다를 내려다보는 정경이 그림 같았다. 해안 관광도로를 말끔하게 단장해 놓아 나
폴리보다 더 아름다워 보였다. 외우 김상섭 사장의 영접을 받고 연경전자공장을 견학
하였다. 청도시 남쪽에 위치한 교남시에 공업단지가 조성되어 있는데 한국에서 진출
한 기업(7000여 공장) 중 잘 되는 공장은 30% 내외라고 한다.

한국에도 공장을 세 개나 가지고 있는 김상섭 사장은 특유의 경영과 섭외로 이곳에
서 성공한 기업인이다. 1996년에 이곳에 공장을 세워 헤드폰 · 이어폰 · 냉장고 부품

등을 생산하여 일본에 수출하는데 400여 명의 공원들은 연경전자 유니폼을 입고 자랑스럽게 시내를 활보한다고 한다. 시내 어디서나 외상 거래가 통할 만큼 신용이 두텁기 때문이란다.

연경전자는 신규 조성 공업단지의 좋은 위치에 1만여 평의 공장 부지도 확보해 놓는 등 사세가 순조롭게 확장되고 있었다.

유명한 독일풍 칭다오 맥주 건배로 발전을 축원하고 귀국했다.

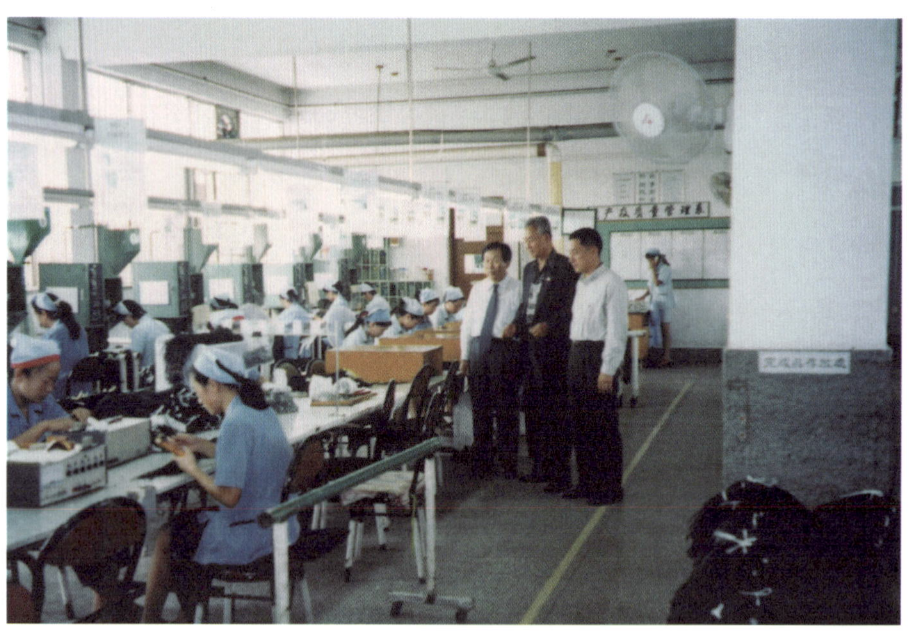

김상섭 사장이 경영하는 청도 연경전자주식회사.

운남성 곡청(曲淸)

2002년 11월 3일 오후 4시 30분에 인천공항을 이륙하여 오후 9시에 곤명공항에 착륙, 다시 육로로 밤늦게 곡청(曲淸)에 도착했다.

운남성 서북 지역 곡청은 고원지대(연평균 영상 13도)로 서늘하고 꽃이 많았다.

12기 배훈 계획(학습)을 곡청에서 하게 된 것은 중앙 과기협 주석(程東紅)의 특청에 따라 제16대 전국인민대표대회를 앞두고 개혁·개방 이후 20년간 실시한 신지역 발전 계획을 평가하고 새로운 의욕을 고취시키기 위해서였다.

선발된 핵심 지도자를 대상으로 진행된 주요 과목은 다음과 같다.

1) 한국 농촌 발전과 새마을운동 및 새마을정신 (정교관 전 원장)

2) 한국 고찰단 참관 보고, 감동과 결심 (티엔유자오 박사)

3) 21세기 환경변화와 대응방안 (최재선 박사)

미생물을 전공한 티엔유자오〔田裕釗〕 박사는 중국 서북부 지역 사막화 방지와 환경보전 정책 분야의 원로 교수로, 한국 고찰단 참관 보고 내용 일부를 소개하면 다음과 같다.

운남 곡청 제12기 배훈반 합동 촬영 사진(2002.11.5)

티엔유자오 박사의 감동과 결심

트루만 박사는 진짜와 가짜 사이를 눈과 귀 사이로 비유하면서 불과 20㎝ 미만의 차이로 분간하기 어렵다고 했다. 즉 귀로 듣는 것은 가짜가 많고 직접 눈으로 보는 것이 확실한 진짜라는 뜻인데 이번 한국에 가서 진짜(농촌작목반과 반도체, 자동차공장, 새마을역사관) 현상을 내 눈으로 직접 보고 느끼며 감동을 많이 받았다.

신촌 정신(근면·자조·협동)을 본받아 중국민 정신 개조에 앞장서야 한다. 그리고 소망집단의 정성어린 애심에 깊은 감동을 받았는데 우리 일행은 모두 애심을 본받아 빈곤 농민들에게 사랑을 실천하자고 다짐했다.

이 사실을 상부에 상세히 보고하고 특히 지도자 선발, 정신 개조, 교육 확대·심화 발전으로 애심-양광 계획을 통한 신농촌운동 본격 추진을 건의했다.

나부터 변하자(All change from ME)!

국민 의지를 개변하자!

확신을 가지고 나아가자!

질의응답과 토론 후 대체적 소감은 "정 박사가 불지르고 티엔 박사가 확신시키고 최 박사가 미래의 눈을 뜨게 했다"는 것이었다.

운남성은 중국 서남쪽 베트남·라오스·미얀마와 접해 있다. 한반도의 2배에 해당하는 넓은 땅이라 해발 76m 지역에서 해발 6700m 지역에 이르기까지 다양하다. 중국 56개 소수민족 가운데 26개 민족이 이곳에 살며 천(天)·지(地)·일(日)·월(月)·성(星)·산(山)·수(水)를 숭상하는 다양한 토테미즘의 천국이라고 한다. 주작물은 연초·옥수수이고, 양잠·양어 등의 부수입으로 1인당 연평균 수입은 1530위안이다.

전국 1위의 고품질 담배 생산지이며 연·아연 등 지하자원이 풍부하다. 석림·토림·사림 등 관광자원과 꽃이 많아 관광 수입도 많은 지역이다. 곤명(昆明) 지역의 두 난 꽃시장 연매출액은 한화로 8천억 원에 이른다고 한다. 한국인이 이곳에서 꽃 재배로 성공한 사례가 늘어나고 있었다.

강의가 끝난 후 곡청 지역 잘사는 마을과 빈곤 마을 한 곳을 돌아보았다.

• 잘사는 마을 : 평안구 사관포 오호문명가(五好文明家 : 思想·財物·和睦·學習·協同)

위 다섯 가지 항목을 갖추면 대문에 오호문명가의 문패를 달아 준다.

오호문명 가정 정례금(鄭禮金) 씨는 쌀·담배 농사 및 닭·돼지·소 사육 등으로 연간 4만 위안(한화 600만 원)의 소득을 올려 잘산다고 하였다.

인근 농가 호당 연평균 소득은 6000위안(한화 90만 원)으로 같은 농촌 지역에서도 능력에 따라서 소득격차가 나타나고 있었다.

마을복지관 : 은퇴 노인들의 취미 오락장 겸 학습장이 잘 마련되어 있었다.

서예반에서 미리 준비한 화선지에 "以農心行 无事不成" 기념 휘호를 남긴 후 마

곡청 평안구 오호문명가(五好文明家) 부농 정례금씨 집 앞에서.

운남 곡청 복지촌 마을 연극놀이를 관람하고 있는 모습.

을 인민들의 연극과 고전악기 연주를 감상했다. 남녀노소가 한데 어우러져 웃고 즐기지만 내용은 사상 학습이었다.

지역 TV 방송국에서는 우리가 방문하여 관람하는 모습까지 모두 녹화하고 인터뷰까지 요청하여 "신농촌 없이 신중국 없다〔沒有新農村 沒有新中國〕"고 한마디 했다.

다음 일정으로 산간 오지 소수민족인 묘족(苗族)의 빈촌에 갔다. 비 내린 후 비포장 도로의 진창길로 겨우겨우 찾아갔다. 참익현·화산진·삼도감 마을은 열악한 환경에서 500여 명의 묘족이 집단으로 살고 있었다. 헛간 같은 움막에서 닭·양·돼지·농우(소)들과 어울려 사는데 이러한 산간오지 빈촌에도 소학교가 하나 있었다.

사방 60리 이내의 인근 산촌에 한두 가구씩 떨어져 사는 묘족 어린이는 교실에서 숙식을 하며 공부를 하고 1주일에 한 번씩 부모들이 다녀간다고 했다. 집단촌 묘족들만의 근친 결혼으로 체구가 점점 왜소해지고 있었다.

부모와 떨어져 반찬도 없이 볶음밥 한 그릇씩 받아먹는 어린 학생들이 퍽이나 안쓰러워 보였다. 아이들과 같이 앉아 먹으며 머리를 쓰다듬어 주면서 "사랑해〔我愛你〕!" 했더니 화들짝 웃었다. 나도 나도 하며 몰려와 차례로 안아 주어 보았지만 아쉬움은 더했다.

마오쩌둥의 역사적 3대 업적이 국토 통일, 민족 통일, 언어 통일인데 그중 언어 통일을 위하여 북경 보통어 학습으로 소학교 교사를 집중 양성하여 전국 산간오지까지 소학교를 설치하고 의무교육 실시로 철저하게 언어 통일 과업을 추진했다고 한다. 이곳에 와서 그 사실을 처음 알 수 있었다.

소학교에서 나오다가 키가 아주 작은 묘족 샤오꾸어광〔蘇國光〕이 배추 한 수레를 놓고 팔고 있는 광경을 보게 되었다. 그의 가장 큰 애로사항은 의료 문제이고 바라는

(왼쪽 위) 곡청 참익현 화산진 묘족 마을 빈농 샤오꾸어광(蘇國光).
(오른쪽 위) 곡청 화산진 묘족 마을 샤오꾸어광을 위로 격려하는 최재선(崔在善) 박사.
(아래) 운남성 묘족 자치마을 빈곤 농촌학교를 방문하여 함께 식사하며 학생들을 격려하는 한·중 애심 관계자들과 교수.

것은 소채 우량 종자라고 했다. 배추 포기는 아주 작아 볼품이 없었지만 미화 10달러를 주면서 두 포기만 팔라고 했더니 미화를 처음 보는지 이게 무슨 화폐이며 얼마의 가치가 있느냐고 물었다.

미국 달러인데 인민폐 80위안 정도의 가치가 있다고 했더니 두 수레 값도 더 된다며 당황해하기에 작은 성의로 알고 받아 달라고 충심을 전하며 같이 기념사진을 찍었다.

점심시간에 생배추쌈을 맛보려고 배추 두 포기를 잘 씻어 달라고 했더니 삶아서 내왔다. 중국인은 생채소쌈을 먹지 않아 당연한 일로 알고 웃고 말았다.

귀로에 새로 발굴한 7채색 사림(沙林)과 두견화 산, 주강원 바위굴과 제갈량이 칠종칠금(七縱七擒 : 일곱 번 놓아 주고 일곱 번 사로잡음) 끝에 맹획(孟獲)의 항복을 받아 심

제갈량이 칠종칠금(七縱七擒)으로 맹획(孟獲)의 항복을 받은 곡청 유적지.

복으로 삼는 장면을 조각해 놓은 유적지 등을 돌아보고 왔다. 곡청 시위원회의 실력자 징엔 당서기와 이계진(李桂珍) 과기협 주석의 환대와 열성은 감동적이었다.

제12기 곡청 배훈 이후 농함대 교수단이 성금을 모으고 의료봉사단을 구성하여 오지 빈곤 마을을 돕기로 했다.

귀국 후 묘족 농부 샤오꾸어꽝〔蘇國光〕에게 기념사진과 함께 중국으로 수출하는 최우량종 배추 씨앗을 소포로 보내 주었다.

광서장족 자치구 포북현

2003년 12월 9일 '광서 창건 전국과보 시범현 공작회의' 겸 제18기 애심·양광 배훈계획이 광서장족 자치구 포북현(浦北縣)에서 시행되었다.

한국측에서는 나와 최재선 박사, 농수산물유통공사 북경무역관 주재 정운용 관장이, 중국측에서는 류수(劉恕) 박사와 티엔유자오(田裕釗) 박사, 농함대 샹화밍(向華明) 총장이 주 과목을 담당하여 진행됐는데 북경 사스 창궐 당시 정운용 관장의 한국 김치 긴급 배송 사례가 화제가 되었다.

당시 한국 김치가 사스 예방 효과가 있다는 소문이 퍼져 김치가 동이 나자 정운용 관장이 한국에서 선물용으로 김치 3000통을 긴급 조달하여 북경 요인들에게 배송한 이후 한국 김치가 유명해졌다는 것이다. 정운용 관장은 '농수산물 유통과 소비자 기호에 부응한 농수산물 포장 기법'에 대한 강의를 마치고 수강자들에게 소포장 김치 한 통씩을 선물하였다.

(위) 광서장족 자치구 포북현. (왼쪽 아래) 시범농촌 복다당촌(福多堂村) 입구.
(오른쪽 아래) 목서(木薯) 다년생 '나무 고구마'.

강의 종료 후 한국 고찰시 우수발표팀장(石國珩) 안내로 시범 농촌인 북통진 복다당촌(福多堂村) 현장을 돌아보았다. 리츠 · 바나나 · 나무감자(木薯) 등이 주소득원이고 마을 주택 · 진입로 · 농로 포장이 잘되어 있었으며, 복지관 · 호수 · 산책로 · 노래방과 도농 직거래 매점 겸 휴식 공간을 조성하여 농외소득을 올리고 있었다.

귀로에 북해시(해남섬 · 베트남 하롱베이 인접) 조개박물관과 백사장 해변을 돌아보고 한 · 중 합작 애심-양광 사업 3년을 회고하며 발전 방안을 모색하는 분임토의를 했다.

포북현 복다당촌

애심-양광 배훈의 내용·대상·방법의 개선과 훈련센터의 공식 기구화 방안 등을 토의하였다. 나는 정신교육의 효과를 성급하게 측정할 수는 없지만 정예 훈련 수료생 중 대략 20% 정도가 3개월간 실천과 행동 노력을 계속하고 그중 10% 내외(100명 중 한두 명)의 성공 사례가 나타나며 뿌리를 내린다는 통계를 소개하면서, 콩나물을 기를 때 부어 준 물이 모두 다 쏟아져 내려 마치 빈 독에 물붓기로 헛된 것 같지만 콩나물은 자라듯이 계속 정성껏 공을 들이면 성과가 나타나 꽃피고 열매 맺게 된다는 비유로 몸공의 중요성을 강조하였다.

요녕성 심양·푸신

제19기 배훈은 내몽고 접경지 요녕성 푸신(阜新)에서 농민 지도자와 관계 공무원 등 450여 명을 대상으로 진행되었는데, 목초지 조성과 목축업에 대한 실용기술 요청으로 권오광(權五光) 박사와 동행했다.

'새마을운동과 새마을정신 및 성공 사례' 강의에 이어 '낙농사업 및 목초 재배'에 대한 강의가 있었다.

질의응답 시간이 끝나자 농업 담당 아오빙이〔敖秉乂〕 시장이 정색을 하며 "북경·상해는 선진국처럼 잘살지만 이 지역은 아직도 아프리카처럼 가난하다. 정교관 박사는 신촌운동 정신 지도 고문으로, 권오광 박사는 낙농 지도 고문으로 도와 달라"고 간청하였다.

권오광 박사는 산동성 애심-양광 배훈 이후 산동성 위해시 지역을 중심으로 목초 재배와 낙농 시범단지 조성을 지도하며 한국의 잉여 낙농 인력을 이곳에 진출 정착시키고 값싼 건초 사료를 수입함으로써 양국이 상호 유익한 합작사업을 이미 추진하고 있는 터라서 합작지도를 검토하기로 하였다.

요녕성 푸신에 있는 농촌 마을을 방문하여 현장 지도하고 있는 모습.

푸신 지역은 1만 355㎢ 면적에 200만 인구가 살며 쌀·옥수수·콩·채소·배 농사를 주업으로 하며, 석탄 광산 산업이 사양길에 들어서자 목축업에 꿈을 걸고 있다고 한다. 중국이 인구가 많고 국토가 넓은데도 우유를 먹지 않아서 강건한 축구선수가 나오지 않는다는 말이 설득력을 얻어 정부가 낙농사업을 적극 권장함에 따라 의욕이 대단했다.

목장 및 사료 공장을 방문, 자문에 응하고 자력갱생 마을(張家注村)을 돌아보았다. 3무(약 900평)의 농지에서 대파·양파·교배종 사과를 재배하는 한 농민은 연평균 소득이 1만 위안 정도라고 했다.

4월 1일인데도 심양 지역에 내린 폭설로 항공기 이륙이 불가능하여 심양에서 1박 했다. 심양은 요녕성의 성도로 청조 초기의 수도였고 일본이 생트집으로 만주 일대를 점령한 뒤 청조 최후 황제 부의를 내세워 만주국이란 괴뢰 정부를 세워 지배한 만주 사변의 발화지로, 청조 명소 유적이 많고 옛 이름은 봉천(奉天)이다. 한때 중국 철강 공업 등 최대 공업구가 지금은 공해 때문에 고심하고 있었다.

산서성 태원·진성·평요

2004년 4월 교육은 산서성 태원(太原)시와 진성(晉城) 두 곳에서 연속으로 진행되었다.

태원시는 산서성의 성도로 인구는 270만 명이며 해발 1000m 내외의 고원 분지다. 석탄 생산 전국 1위 지역으로 화력발전소가 많아 북경·천진 등지에 전력을 공급하는 기지 역할을 한다. 그러나 3100만 명이 넘는 산서성 인민 중 대부분의 농민이 빈곤하기 때문에 청정 채소 재배로 소득을 올려 보고자 유기농 청정 소채 재배 기술(강용 대표) 및 새마을 정신 특강을 요청한 것이다.

진성은 산서성 동남부에 위치한 고도이며 춘추전국시대 중원을 제패한 요새이다. 4개 현 9500㎢ 면적에 210만 인구가 농경지 294만 무에서 쌀·옥수수·귀리·콩·면화·연초를 재배하고 철 매장량은 전국 1위다. 히마라야시다가 가로수로 무성하게 자라고 있는 중심가에 농업국과 수리국이 자리하고 있었다. 농업국 강당에 모여든 농민 대표들은 유기농 청정 소채 재배와 새마을운동의 정부 지원에 관해 질문을 많이 했다. 5000무(100만 평) 농지에 유기농 단지 합작을 우리측(강용 대표)에 제의하기도 했다.

산서성 진성(晉城)에서 교육을 하고 있는 필자.

태원시 농촌 관계 공무원과 농촌 지도자들.

산서성에서 지원하고 있는 시범 농촌 2개 마을(山耳東村. 東四義村)을 돌아보았는데, 역시 주위 환경이 좋고 농외소득 비중이 높은 마을이었다. 동사의촌은 6애 교육(愛黨·愛國·愛四義·愛家·愛友·愛自己) 실시로 671호, 2626명의 인민이 1인당 연소득 5000위안으로 전국에서 잘사는 마을로 꼽힌다고 했다. 마을 공회당에는 역대 국가 지도자들이 방문하여 남긴 격려 휘호가 걸려 있는데 외국인으로는 처음 방문한 귀빈이라며 기념 휘호를 청하기에 '以農心行 无事不成'이라 쓰고 밑에 '새마을 정신'이라고 한글로 썼다. 역대 국가 지도자들 기념 휘호와 나란히 대한민국 새마을 휘호가 걸리게 되어 보람을 느꼈다.

낙과된 배를 수집하여 음료수를 만드는 향진공장을 방문하고 나서 명승지를 돌아보았다.

진성(晉城)은 역사의 고도답게 명소가 많았다. 신농파곡(신농씨가 곡식을 심었다는 계곡), 우공이산(愚公移山)의 전설 유적지, 당·원·송대의 불벽화로 유명한 길상사(吉祥寺) 등 많은 유적지 중 평요(平遙) 고성(古城)을 안내받았다.

진성과기협 곽진덕(郭振德) 주석과 진중(晉中) 과기협 성동호(成東虎) 주석의 안내로 고성에 가보았다. 성동호 주석은 고찰단원으로 방한했을 당시 중국지원팀 이병현(李秉賢) 부장의 환대에 감사하는 마음으로 선물을 들고 진중에서 달려와 앞장서서 안내해 주었다.

고성(古城)으로 온전하게 보존된 세계문화유산답게 성곽과 옛 저자 거리 및 거상들의 가옥이 관광 명소는 물론 영화 촬영 장소로 많은 수입을 올리고 있었다.

특히 중국 최초의 은행인 일승창(日昇昌)과 산서의 거상인 진상(晉商)의 상도(商道), 즉 "성실과 신용을 기본으로 하고, 의리로써 이문을 제어한다〔誠信爲本, 以義制利〕"는 상도의 달인 정신으로 당시 중원 지대를 거점으로 유럽에 이르기까지 9천 리에 걸쳐 500년 동안 상계(商界)를 웅패(雄覇)하였다는 기록이 있다. 또한 현금으로 상거래를

중국인이 동양 최초의 은행이라고 주장하는 일승창(日昇昌).

산서성 평요(平遙) 고성(古城).

하다가 산적들에게 현금을 강탈당하는 사례가 빈번하여 고안해 낸 것이 어음 수결이
라고 한다.

오늘날 중국이 개혁·개방에 성공하여 성장을 거듭하는 것도 이러한 진상의 상도
정신이 화교 자본을 형성하였고, 화교 자본이 마중물이 되어 자유시장경제 원리에 영
합한 때문이 아닐까 하는 생각이 들었다.

북경대, 청화대, 경산 만춘정

2004년 5월 25일 제21기 배훈은 북경 과보원에서 서북부와 남서부 귀주성 지도자들을 대상으로 실시되었다.

한국측에서는 윤수현(尹秀鉉) 부장이 애심-양광 배훈 현장에 동참하여 개막식 축사와 함께 축산·낙농업자와 대화 시간을 갖고 경험을 전수했다.

최재선 박사는 이병현 사장이 지원한 새 노트북으로 BRIC's(브라질·러시아·인도·중국) 연합과 세계 무역 환경 변화 예측에 대한 내용을 추가하여 열강하였고, 나는 "새마을운동은 이론이 아니고 깨달은 대로 실천하고 행동하는 실천 운동이다. 그 정신은 바로 농심이요, 농심은 천심이며, 천심은 곧 애심(愛心)이다"는 점을 강조하였다. 강의가 끝나자 자기 노트에 사인을 청하는 계림시 진대진(秦大臻) 부주석에게 여벌로 가지고 간 농심 휘필을 선사했다.

남는 시간을 이용하여 북경 시내를 돌아보았다. 북경대학과 청화대학은 세계적으로도 유명한 대학이다. 중국에서 이들 대학에 입학하는 것은 하늘의 별 따기만큼이나 어려워 입시 경쟁이 치열하다고 한다.

북경대학은 1898년 설립된 중국 최고의 중점 대학으로 건물부터 중국 자존심의 상징인 중국풍 전통 누각으로 되어 있다.

1912년 북경대학으로 개명되었고 2000년에 북경의대와 합병했다. 인문학부·사회과학학부·이학부·정보공정학부·의학부 등 5개 학부 14개 단과대학과 각급 유형의 실험실 117개가 있고 1만 3200명 학생에 교원(교수) 수가 5800명이란다. 세계 50여 개국 175개 대학과 교류하며 외국 유학생이 2500명이고 아시아 최대 도서관 종합문헌정보센터에는 470만 권의 장서가 소장되어 있다고 한다.

예과생은 전원 기숙사〔기圍〕 생활을 하고 교수 아파트도 별도로 마련되어 있는데, 구내에서는 자동차를 볼 수 없고 교수·학생 전원이 자전거를 이용하고 있었다.

한국 세미나에 참석한 일이 있다는 중국 문학부 마수연(馬秀娟) 교수의 안내로 강의실을 구경했는데 책상 의자는 낡았으나 칠판은 네 개가 '밭 전(田)' 자 모양 미닫이식으로 설치되어 있었다.

넓은 캠퍼스 안 숲 속에 우뚝 솟은 기념탑의 그림자가 비치는 대학 호숫가의 벤치에 학생들이 앉아 열심히 책을 읽고 있었다.

1911년 미국 유학생 준비 학원으로 설립된 청화대학은 1928년 국립 종합공업대학으로 승격된 이후 이공 계통의 많은 인재들을 배출해 중국 근대화에 기여하였으며, 지금은 북경대학을 능가할 만큼 비약적으로 발전하고 있다고 했다. 특히 정치 지도자들이 많이 배출되고 있다.

경산은 북해 인공호수를 만들 때 파낸 흙을 쌓아 만든 인공 산으로, 그 정상에 황제가 만세 청춘을 누리고자 지은 정자를 만춘정이라 했다. 정자에 올라 9999칸의 자금성을 내려다보며 명나라 때 숭정 황제가 40만 농민 봉기에 쫓겨 자금성 후문으로 빠져 나와 이곳 정자 아래 회화나무 가지에 목매어 자살했다는 말을 듣고 만감이 교차

(위) 북경대학 정문.
(왼쪽 위) 북경대학생과 함께(구내에서는 자전거로 다닌다).
(오른쪽 위) 북경대학 마수연(馬秀娟) 교수.
(아래) 전통 양식의 누각으로 된 대학 건물.

했다. 한편 단체로 소풍 나온 소학생들 유니폼 가슴에 새겨진 " 祖國在我心中(조국이
내 마음속에 있다)"이란 글귀가 중국의 희망처럼 보였다.

류주(柳州)·계림(桂林)

2004년 6월 23일 광서장족 자치구 류주(柳州)
시 직업학교 대강당에서 열린 제22기 배훈계획 과목은 다음과 같이 편성되었다.

한국측

개학 치사(한국 동북아과기재단, 중국 지원의 염원) (이병현 부장)

한국 새마을운동의 추진 과정 및 성공 요인 (정교관 전 원장)

21세기 세계 무역 환경 변화와 대응 방안 (최재선 박사)

한국 농촌경제 합작 조직의 현황 및 흙살리기 운동 (정진석 대표)

중국측

개막 식사(애심-양광 배훈에 임하는 자세) (向華明 총장)

일본 농업 현황 고찰 보고 (劉恕 박사)

신촌운동 정신의 중요성(資源有限. 智慧無窮) (田裕釗 박사)

류주(柳州)·계림(桂林)에서 열린 한·중 합작 애심-양광 배훈계획 22기.

축원의 뜻으로 '以農心行 无事不成'의 휘호를 대표에게 전달하고 있다.

400명을 상대로 새마을 정신에 대하여 내가 거듭 강조한 내용은 다음과 같다.

"근면·자조·협동은 강도(집털이) 집단도 할 수 있다. 즉 현장 관찰, 시기 선택 등을 잘 하자면 부지런해야 한다. 도둑 때를 누가 도와주는가? 일 저지르려면 스스로 자조해야 한다. 무리 중 하나는 망보고, 하나는 위협하고, 하나는 턴다. 셋이 협동해야 한다.

용기에도 종류가 있다. 즉 무식한 자의 만용, 독선자의 교만, 의로운 자가 고난 속에서도 지속적으로 행하는 참된 용기. 이와 같이 무식하고, 교만하고, 불의한 무리들이 근면·자조·협동하면 사회악이 되고 역사에 오점과 비극을 남기게 된다. 게으름이 죄악이듯이 불의한 근면도 죄악이다. 고로 새마을운동은 새사람이 하는 운동이요, 새사람은 농심(農心)으로 정신이 개혁된 사람이다. 정신을 먼저 개혁해야 참으로 잘사는 마을을 건설할 수 있다."

이어 한국 농민 조직과 환경보호에 대한 강의가 있었다.

22기부터 중국측 요청에 따라 농민의 추진 조직과 환경 문제에 대한 과목이 보강되어 새마을연수원 교수 경력과 농협연수원장, 본부장 등을 역임한 정진석(흙살리기운동 대표) 선생이 한 '한국 농촌경제의 합작 조직과 환경보호'에 대한 강의가 좋은 반응을 얻었다. 특히 농협의 역할에 관심이 많았다.

류주시 삼강현 마무립(馬武立) 부현장은 광서 삼강동족 자치현에 차밭〔茶田〕이 7만 무 있는데 해발 500미터의 고산 지대라 우수 녹차 잎을 생산하는데도 이를 가공 판매할 자본이 없어 헐값으로 내고 있는 형편이라며, 한국의 합작선을 소개해 달라는 문서 청원을 제시했다. 인구 73%가 빈곤 농민으로 개인의 연소득은 평균 1460위안이라 했다. 최재선 박사가 상세한 내용을 이메일로 받아 검토, 조치하기로 했다.

강의 종료 후 류주시 명소를 고찰했다. 계림시 남단 류주에 대한민국 임시정부 유적지〔舊址〕가 있다는 사실을 이번에 가서 처음 알게 되었다. 어봉산 공원, 기석관(奇石館), 죽림정사 가무단과 민속요리, 도로변의 파초, 류두화 등의 풍광을 즐기며 임시정부 유적지를 거쳐서 계림 이강(漓江)을 유람할 수 있도록 관광 코스를 짜달라고 한인 관광회사에 당부하였다.

다음날은 계림 양삭현(陽朔縣) 배훈기지(45명 수용 규모의 콘도식 연수 시설 및 4만 5천 평의 시범포)에서 1박 하며 분임토의를 했다.

류주(柳州) 대한민국 임시정부 유적지 앞에서.

양삭현에 애심-양광 배훈기지를 설치하는 문제를 비롯해 방한 고찰단 횟수, 의료봉사 지원, 환경보호와 수질개선 교육 문제 등을 토의한 후 임계현 농예사 왕후장(汪厚章) 주석의 안내로 라한과(羅漢果) 농장을 고찰했다.

라한과는 이 지역에서 개발한 특용작물(당뇨병 특효 약재)로 출입을 통제하며 증식시키고 있었다. 원예기술자인 왕 주석은 농업 관계 지식이 풍부하며 부친은 기독교 신자가 되었다고 했다.

귀로에 양삭 반월산, 1400년 된 천년고용수〔老巨樹〕를 보고 어룡하(魚龍河) 죽선(竹船)에서 다음과 같이 즉흥 한시 한 수를 지어 읊어 보기도 했다.

계림 이강에서 고기 잡는 어부.

가마우지로 고기를 잡는 어부들. 가마우지는 어부의 유일한 재산이다.

魚龍河船上 觀照桃源境
어룡하에서 죽선을 타고 도원경 구경하며,

朋友歡談時 友誼波四海
벗들과 정담 나눌제 우의가 사해로 퍼지네.

공원에서는 소수민족 처녀들이 각기 고유의 의상 차림으로 줄서 있다가 같이 사진을 찍는 대가로 10위안씩 받고 있었다. 이강(彌江) 산수도 구경했는데 천하 절경이라 관광객이 운집했다.

산서성 개휴시

2005년 첫 교육은 산서성 개휴시(介休市)에서 개최하였다. 개학식에서 동북아과학기술협력재단을 대표하여 다음과 같은 치사를 하였다.

您好大家!

산서성·개휴시 관계관과 농촌 지도자 여러분, 그리고 과학기술협회와 농함대 교수 여러분!

이번 배훈 계획을 준비하시고 한국 강사진을 열렬히 환영해 주시는 따뜻한 우의에 먼저 감사드리면서 개학을 충심으로 축하합니다.

2001년 한·중 합작사업으로 시작한 애심-양광 운동이 좋은 열매를 맺기 시작하여 일부 낙후된 중국 농촌 발전에 서광이 비치고 있음은 매우 다행한 일입니다.

이번에도 한국 강사진은 과거 빈곤했던 한국 농촌이 새마을운동을 통하여 농민들에게 자립 의지와 자신감을 갖게 하여 스스로 잘사는 마을 건설의 꿈을 실현하는 과정을 소개해 드리고 아울러 실용기술을 전해 드리고자 이곳에 왔습니다.

희망과 꿈이 있는 민족은 항상 장대하게 발전해 왔다는 것을 역사가 증명하고 있습니다.

이번 배훈 계획이 여러분의 새로운 꿈과 희망을 성취할 수 있는 중대한 계기가 되기를 바랍니다.

이 자리에 참석하신 여러분에게 다음 다섯 가지 결심을 하고 지도력을 발휘하여 성공하기를 권합니다.

첫째, 새로운 목표, 즉 꿈을 정하십시오.
둘째, 그 꿈을 성취하기 위한 구체적 계획을 세우십시오.
셋째, 기필코 성취하겠다는 의지를 가슴에 품으십시오.
넷째, 합심하여 지혜를 모으십시오.
다섯째, 지도자 여러분들이 먼저 자신감을 가지고 실천하면서 인민들에게 "할 수 있다"는 자신감을 심어 주십시오.

부디 여러분 마을의 꿈이 성취되어 물질적으로나 정신적으로 행복하게 잘살기를 축원합니다. 씨에 씨에 따자〔謝謝大家〕!

산서성 중부에 위치한 개휴시는 총면적 744㎢, 인구 37만 명의 농축산업과 석탄산업 지역이다. 농민 1인당 연평균 소득이 한화로 70만 원밖에 안 될 정도로 빈곤 지역이라 양돈산업으로 소득을 증대시키고자 양돈 전문가를 요청하여 한국측에서 4명이 출강했다.

나는 차트와 사진 등 교육 보조 자료를 가지고 다니기가 번거롭고 시청각 효과도 떨어져 연초에 강의 내용과 사진을 전부 USB에 담는 작업을 해서 시험해 보았는데 공들인 만큼 효과도 컸다.

산서성 개휴시 배훈 25기(서기와 주석) 기념촬영.

면산(綿山)의 개자추(介子推) 사당

박 대통령이 박진환 특보와 장관을 대동하고 쓰러져 가는 초가집과 담장을 헐고 환경을 개선하는 현장을 방문, 격려하는 사진 등 새마을 사업 전후 사진을 포함하여 약 200컷의 생생한 내용을 향금화(向金華) 시장 등 농촌 관계 공무원과 과기협 간부 및 농민 대표 300여 명이 주의 깊게 시청하였다.

김춘수 박사의 '양돈산업—사양 관리, 생산비 절감, 명품화 전략' 강의 후 많은 질의응답이 있었다. 질문 답변 시간이 끝나자 농업국에 근무하는 여공무원(李桂仙)이 나한테 다가와서 강의를 감명 깊게 경청했다면서 각별한 감사 인사와 함께 편지 한 장을 주었다.

청원 내용은 두 가지인데 하나는 낙후된 개휴시가 궤도에 오를 때까지 계속 지도해 달라는 것이었고, 다른 하나는 현재 4무(800평)의 땅 위에 교사 양성 학교가 이전하면 1500명을 수용할 수 있는 교회를 지으려 하니 설계도와 건축 지도를 앙청한다는 내용이었다. 귀국 후 재단에 이첩하여 조치하였다.

강의 종료 후 시청 홍보관 안내에 따라 면산 개자추(介子推) 사당을 가보았다. 진(晉)나라 때 문공의 부름에 응하지 않고 끝내 면산에서 불타 죽었다는 전설이 있는데 여기서는 홀어머니를 두고 떠날 수 없어 효심으로 소사했다고 전하며 모녀 동상을 건립하여 지극한 효행을 부각시키고 있었다.

귀로에 왕가대원(王家大院)을 고찰했다. 진나라 거상 왕씨가 거대한 명문가촌을 건설했다는데 바닥·문·돌·기둥·지붕에 절묘하게 새겨진 조각은 훌륭한 문화유산이었다. 19만㎢ 부지에 남녀 구분 거실과 서당 객청까지 완비되어 있고 진상의 상도로 부(富)를 형성하여 사회에 환원함으로써 백성들의 생활을 윤택하게 했다는 공로로 벼슬을 받은 교지 등을 전시하는 전시관도 있었다.

진나라 거상 왕씨가 건설했다는 산서성 왕가대원(王家大阮).

단동(丹東)

요녕성 단동은 한반도 신의주 월편에 있는 경공업 기지로 옛 이름은 안동시이고 제지, 직물, 전자기기, 제약공장 외에 주로 농·목축업 지역이며 배산임수의 길지로 땅도 기름지고 수자원도 풍부하였다.

한국 과기재단 강명진(姜明鎭) 부장의 개막 축사에 이어 진행된 정규 과목 외에 정진석 대표의 농촌 농협 작목반 운영 및 영농법인 운영에 대한 강의가 있었다. 양주의 1만 8000㎡ 농장에 유기농 인증 소채 50여 종을 재배하는 농기업인 우호희(禹好喜) 대표 강의에 대한 질문이 많았다.

강의가 끝난 후 한국인 선교사가 경영하는 단동 종축장(中國 遼寧省 丹東市 五道溝 變電村 740號 種畜場內 金來億先生)을 방문했는데 젖소 3원 교배 종축장 연구 시설, 양 젖 가공 시설과 함께 제빵 시설까지 갖추고 월 1회 신의주 고아원에 빵과 우유를 보급하며 어린아이들을 사랑으로 보살핀다고 하였다.

귀로에 배편으로 압록강 단동과 신의주 일대를 돌아보았다. 6·25전란 때 폭파된 옛 압록강 철교의 잔재는 역사 교육 증빙 자료로 그대로 두고 새로 건설한 단동~신의주 간 철교를 이용하고 있었다. 신의주 인조견 공장은 굴뚝만 덩그렇게 남아 있었는

단동(丹東) 배훈 한국측 강사진.

파괴된 압록강 철교. 역사 자료로 보존하고 있다.

데, 기계는 고철로 식량과 바꿔 먹었다고 한다. 멀리 이성계의 회군으로 유명한 위화도가 보이고 신의주 쪽 강변에는 녹슨 낡은 배가 두어 척 매어 있는데 저녁이 되자 건너편 신의주는 캄캄한 암흑 천지였다. 수풍댐 터빈 중 쓸 만한 것은 로스께가 뜯어 가고 남은 네 개마저 노후화되어 전기가 절대적으로 부족한 탓이라 한다. 휘황찬란한 단동 시내 야경과는 너무나 대조적이어서 가슴이 아팠다.

저녁 신문과 TV 방송에서는 대만 천민당 쑹추위〔宋楚瑜〕 주석과 중국 후진타오 주석이 하나의 중국론에 원칙적으로 합의한 후 굳게 악수하는 장면이 보도되고, 한류 열풍으로 〈대장금〉이 인기리에 방영되고 있었다.

하북성 장북현(張北縣)

북경 서북쪽으로 만리장성을 넘어 육로로 다섯 시간 걸리는 장북현(張北縣)은 해발 1400m, 4200㎢의 면적에 인구 37만 명으로 고랭지 소채 재배와 목축업의 적지이다. 유명한 장북현 초원수림〔樺皮嶺〕을 비롯하여 초원이 넓다. 2005년 9월 20일 29기 배훈 내용은 다음과 같다.

  1) 류수 박사 : 한국과 이스라엘에서 배우자. 특히 한국 새마을운동과 새마을 정신을 잘 학습하여 농촌 빈곤을 물리치자.

  2) 정교관 전 원장 : 한국 새마을운동 발전 과정과 성공 요인

  3) 정진석 대표 : 한국 새마을운동과 농협의 역할

  4) 문진산 박사 : 낙농 경영과 질병 예방 요령

최재선 박사와 문진산 박사가 낙농 마을 현장을 사전 답사해 본 결과 한국의 70년대 낙농 수준의 제반 문제점을 발견하였다.

하북성 장북현 초원 지대.

관찰 내용을 중심으로 강의에 임한 후 질문에 성심껏 답변하였다. 사전 현장 답사 후 강의에 임하는 진솔한 자세를 보고 바로 이것이 농심이요 새마을 정신이라는 소감을 들었다.

고랭지 유기농 소채 재배 단지 농민들과 위해시에서 김치공장을 하고 있는 한국인 만나식품 박근호 대표와 협력하여 청정 김치를 생산, 사스 발생 이후 점증하는 중국 북경 등지의 김치 수요에 부응하는 방안을 검토하도록 연결시켜 주었다.

만리장성 고개를 넘어오는 동안 수많은 대형 화물차들이 노변이나 휴게소에 차를 세워 두고 잠을 자고 있는 모습이 눈에 띄었는데, 이유인즉 북부(내몽고 등) 지역의 광물 수송 차량은 야간에만 북경을 통과할 수 있기 때문이라고 했다.

절강성 상우시(上虞市)

2005년 11월 28일 애심-양광 30기 배훈은 절강성 항주 인근 상우시(上虞市)에서 특별한 연유로 실시되었는데, 배훈 계획은 다음과 같았다.

주관처 : 연합국아태농업공정·기계중심 (주관:常平)

협찬처 : 1) 절강성 상우시 과기협 (주석:方靜)

2) 절강성 상우시 인민정부 (시장:鄭建慶)

3) 중국 농함대 (총장:向華明)

4) 한국 동북아과학기술협력재단 (부장:李秉賢)

교과목 편성

1) 개학식사 및 치사 (주관처 및 협찬처 대표)

2) 한국 새마을운동 추진 과정 및 성공 요인 (정교관 전 원장)

3) 한국 농촌 농협 조직과 농민 교육 (정진석 대표)

4) 생명공학의 미래 (북경대 林忠平 교수)

5) 화훼산업의 현황과 전망 (건국대 김두환 교수)

주관처 '연합국아태농업공정·기계중심(UNAPCAEM : United Nations Asian and Pacific Center for Agricultural Engineering and Machinery)'은 아태 지역 15개 회원국(방글라데시·중국·북한·피지·인도·인도네시아·이란·몽골·네팔·파키스탄·필리핀·대한민국·스리랑카·태국·베트남)의 농업 발전과 상호 협력을 위해 2003년 11월 북경에서 출범한 유엔 아태 지역 경제사회협력위 산하 기구 조직이다.

당초 30기 배훈에 북한을 포함한 회원국 지도자도 참석하도록 계획되었으나 북한 대표 참석은 차기로 연기되었다고 했다. 한국 새마을운동에 대한 관심이 더욱 확대되어 가고 있음을 느낄 수 있었다.

30기 교육에서 새마을 정신 교육의 요체는 교육 요원들의 몸공(몸과 마음을 다하여 지극 정성으로 솔선 궁행함. 즉 온몸으로 공을 들임)에 있음을 강조하고 이른 새벽 행사에 대하여 다음과 같은 요지의 해설을 추가했다.

나는 새마을연수원 원장으로 재직하는 동안 하루도 빠짐없이 새벽에 제일 먼저 일어나 새벽종을 울렸다. 연수생과 교육요원들은 새벽종 소리와 새마을 노래를 신호로 기상하여 새벽 심신 단련 행사에 참석한다.

새벽종이 울렸네 새 아침이 밝았네
너도 나도 일어나 새마을을 가꾸세
살기 좋은 내 마을 우리 힘으로 만드세

"새 아침이 밝았네, 너도 나도 일어나" 이 구절은 아침 일찍 일어나 부지런히 일하자는 근면 정신의 뜻이 담겨 있다.

“너도 나도” 이 구절엔 다같이 함께 힘을 모아 하자는 협동 정신의 뜻이 담겨 있다.

“우리 힘으로” 이 구절에는 스스로 하자는 자조·자립 정신의 뜻이 담겨 있다.

새마을 노래에 맞춰 일어나 운동장에 집합하면 국민의례에 이어 ‘우리의 생활 신조’를 제창하고 아침 운동을 한다.

우리의 생활 신조

1) 이상은 높게 현실은 착실하게 살자.

목표는 높게 정하되 이상에만 사로잡혀 현실을 도외시하는 몽상주의자가 되지 말고 우선 내 주변에서 내가 할 수 있는 일부터, 쉬운 일부터 하나하나 먼저 실천해 나가자〔步步登高 實質追求〕. 착실하게 실천해 나가면 결국

목표에 도달하게 된다.

2) 빚지기를 두렵게, 저축하기를 기쁘게 알자.

물질적 빚뿐만 아니라 정신적 빚도 지지 말자. 저녁 준비에 바쁜 아내에게 "어이 재떨이 좀 가져와!" 하고 소리치는 일은 빚지는 행동이며, 수고하는 아내를 도와주며 저녁에 물 떠다가 아내 발이라도 먼저 씻어 주면서 수고했다는 따뜻한 말 한마디로 위로해 주는 그것이 바로 저축하는 행위다. 하루 한 가지라도 선한 일을 기쁨으로 저축하자. 사랑의 빚 이외에는 아무 빚도 지지 말자. 여러분은 지금 빚지는 생활을 하고 있는가? 아니면 저축하는 생활을 하고 있는가?

3) 겉치레보다 실속 있는 생활을 하자.

겉만 그럴듯하게 꾸미고 실속이 없다면 사기꾼의 속임수와 다를 바 없다. 매사 내실을 기하며 말한 대로 실천하는 언행일치의 성실한 사람이 되자.

절강성 상우시 제30기 배훈 합동 촬영 사진

작은 일부터 시작해서 큰 목표를 이루고〔以小成大〕

수입을 생각해서 규모 있게 지출하며〔計入制出〕

분수를 지키고 이웃에게 베푸는 생활을 하자〔分度推讓〕.

이와 같이 새벽에 일찍 일어나 생활 신조를 제창하고 체력단련을 하는 것은 새마을 정신으로 일과를 시작하는 생활의 습관화에 중요한 뜻을 두기 때문이다.

강의 종료 후 팡찡〔方靜〕 주석의 안내로 조경 공사와 시범 신농촌을 돌아보았다.

촌장(陣小堂)의 설명에 의하면 둔남(屯南) 신농촌은 1000호의 2900명의 인민이 거주하는 신농촌으로 벼를 3모작까지 하고 죽순·매실·밤·포도·꽃을 생산하며 마을 공장의 농외소득으로 비교적 여유롭게 사는 농촌이라 했다.

"建設新農村 致富奔大同(신농촌 건설하여 다함께 풍요롭게 살자)"는 현수막이 걸려 있는 마을회관에는 노인 복지시설도 갖춰져 있었다.

마을 안길과 주택도 잘 개량되어 있었는데 호당 14만 위안씩 내면 입주할 수 있고 환경·위생은 공동관리한다고 했다. 이 마을에서 향진기업(플라스틱을 제품 생산하는 중소기업)을 경영하는 마을 서기는 연간 매출액 200만 위안으로 커다란 양옥 저택에서 부유한 생활을 하고 있었다. 독일 유학 중 잠시 귀국했다는 외동딸이 3층 게스트 룸까지 집 안을 친절하게 안내해 주었다. 마을 호당 평균 연소득은 3만 위안이라고 했다.

이 지역 향진기업 24개에서는 플라스틱·의료기기·건축자재·죽세공품 등을 생산하고 있는데, 지역 농민소득의 태반이 농외소득이라고 하면서 이와 같은 신농(공)촌 마을을 연간 30개에서 40개씩 늘려 나가는 것이 상우시의 목표라고 했다.

상해·항주·복주·하문·심천(深圳:선전) 일대는 남동 부요 지역이요 덩샤오핑〔鄧小平〕의 남순(南巡) 지역으로 개혁·개방의 선진 지역이다.

덩샤오핑〔鄧小平〕의 백묘흑묘론(白猫黑猫論)

덩샤오핑 주석은 1904년 사천성 광안현 협흥향 패방촌에서 소지주 등소창의 아들로 태어났다. 본명은 등선성(鄧先聖)이고 별명은 '작은 대포'였다고 한다. 1924년 파리 유학 중 공산주의 운동에 가담하기 시작하여 1933년 마오쩌둥을 지지하고 대장정에 참여하여 중화인민공화국 수립에 공을 세웠다.

그러나 '3下3上'으로 불리는 세 차례의 실각에서 세 번 재기하여 주석직에 올랐다. 특히 1966년 문화대혁명 초기 홍위병 행동에 반대하는 활동을 주도한 혐의로 공직에서 파면되어 강서성 기계공장 중기 기사로 일하는 혹독한 시련 속에서도 개혁·개방 노선을 구상하는 데 골몰하였다고 한다. 마오쩌둥 사망 후 1978년 12월 당의 주도권을 장악하고 중국의 현대화 4개항(농업 현대화, 공업 현대화, 국방 현대화, 과학기술 현대화)을 적극 추진하여 지지 기반을 확고히 했다.

1979년 선전〔深圳〕의 남순강화(南巡講話)에서 그가 60년대에 거론했던 백묘흑묘론(흰 고양이든 검은 고양이든 쥐만 잘 잡으면 좋은 고양이다 : 不管白猫黑猫. 能抓到老鼠就

서호(西湖)변에 있는 손문(孫文) 선생상(先生像).

是好猫)을 주창하며 개혁·개방 정책을 추진하여 문화대혁명으로 피폐화된 중국 상황을 새로운 궤도에 진입시켰다. 덩샤오핑은 1962년 가정 단위 영농을 주장하며 '개인 경영 바람〔單幹風〕'을 불러일으킬 때부터 묘론(猫論)을 주창했다.

덩샤오핑은 사회주의와 개혁·개방 추진에서 오는 이념상의 갈등을 "경제 건설과 사회주의 및 당 이념 고수(1개 중심점과 2개 기본점)"라는 지도 노선으로 극복하며 생산력 발전을 계속 추진하였다.

그러나 경제 논리로 정치적 문제를 극복하려던 그의 정책은 양대 정책의 불균형으로 인하여 1989년 6·4 천안문 사태가 일어나며 시련을 겪었다. 5·4 운동 70주년, 프랑스 혁명 발발 200주년, 중국 사회주의 정권 수립 40주년, 개혁·개방 실시 10년째 되는 시점에서 좌절을 맞은 것이다.

천안문 사건 이후 정치적 일대 쇄신, 경제적 치리정돈(治理整頓)으로 수요 억제, 내핍 생활 장려, 산업구조 조정 등으로 인플레이션 억제 및 생산성 향상 정책을 추진하여 1990년 중반부터 성장이 회복되었다.

이러한 중국 근대화의 역사적 발전 과정을 상기하면서 귀로에 항주 서호 일대를 돌아보았다.

건륭 황제 친필이라는 평호추월(平湖秋月)의 비가 있는 서호변의 장개석과 송미령

농함대 샹화밍(向華明) 총장, 챵핑(常平) 중국 UN 농업기구 사무부총장과 맺은 유·관·장(劉關張) 도원결의.

의 신혼여행 숙박지와 제2국공합작의 밀회 장소(장개석과 주은래)로 알려진 호텔(澄廬)이 지금은 커피숍으로 이용되고 있었다. 절강성 과기 부주석 여걸 우룽바우(虞龍寶) 초청 루외루(樓外樓) 만찬에서 소동파 요리와 항주 백주로 건배하였다.

이 자리에서 나는 고별 인사(5년간 약속 강의 종료, 작별 인사)를 했는데, 농함대 샹화밍(向華明) 총장과 부총장(苗建軍)이 극구 만류하고 UN 기구 챵핑(常平) 사무부총장 역시 향후 5년이 더 중요하다며 계속 출강을 청원하였다.

결국 나는 "변변치 않은 이야기를 그처럼 귀하게 평가해 주시는 여러분의 후의와 그동안의 환대에 감사하며 꼭 필요한 때에만 출강하는 것으로 이해해 주십시오" 하고 정중하게 양해를 구하였다.

나와 샹화밍(向華明) 총장, 챵핑(常平) UN 기구 사무부총장 셋은 우의장존(友誼長存)의 건배를 하면서 유비·관우·장비의 도원결의(劉·關·張 桃園結義)를 본뜬

서호변에서.

의형제 결의를 하였다.

챵핑 사무부총장이 영어를 유창하게 구사하기에 나는 짧은 영어나마 참된 친구〔朋友 : 펑유〕에 대해서 몇 마디 하였다.

"What is the good friend?

A friend is someone who we can share our greatest joys and deepest fears;

To who we can confess our worst sins and most persistent faults; To who we can trust our greater hopes, and perhaps our more hidden yearnings.

A good friend is the one, although you do not see them, they are always there, even when all others have left you."

나는 인격이 중후한 좋은 분들과 좋은 일로 인연을 맺게 해주신 하나님의 은총에 감사하며 한층 무거운 책임감을 안고 귀국하였다.

그런데 지난해 말 챵핑 사무부총장으로부터 다음과 같은 연하장을 받았다.

Dear Prof. Chung.

It is a great pleasure for me to make acquaintance with you and stay together with you for three happy days and made friends. I enjoy your kind words about friend and feel honored to have such friends as you.

A CHINESE POEM goes as follows.

"A bosom friend afar brings a distant land near."

May our friendship be cherished forever. My very best wishes for a merry Christmas and happy New Year.

Yours sincerely

Chang Ping. Beiging China.

尊敬的 鄭敎寬 敎授

衷心祝願 貴家幸福 萬事詳和

弟：常　平 拜上

2005年 12月 20日　中國 北京

감숙성 란저우〔蘭州〕

2006년 첫 교육(통산 31기 배훈)은 감숙성 발전 개혁위원회 주관으로 성도 란저우〔蘭州〕에서 시작했다. 이번에는 천수시(天水市) 화훼(花卉) 시험장과 시범 신농촌(화우촌)을 먼저 고찰하였고 강의에 앞서 감숙성 국장급 이상 고위 간부와 각 시·현 부주석급 간부들 150여 명과 신농촌 건설에 대한 토론회가 있었는데, 다음과 같은 질문 사항에 대하여 우리의 경험을 성의껏 소개하였다.

1) 한국 신농촌운동 추진 단계별 계획은?

2) 관민 일체 추진 과정과 방법은?

3) 처음 시작하는 기초 단계의 정부의 계획과 추진 내용, 방법은?

4) 마을 지도자 선출은 투표인가, 임명인가?

5) 방대한 사업의 예산 조달은 어떻게 하는가?

6) 신농촌 생활 부유 정도의 추진 목표는?

7) 의식 개혁, 정신 계몽 및 지도자 양성 방법은?

8) 신농촌 소득 증대 방법은?

9) 농촌 보건·위생 정책은?

10) 농촌 자녀 교육 지원은?

11) 한국 농촌 농민 토지소유 제도는?

12) 새마을 건설 계획의 정부 지시 내용은?

13) 신농촌 전기·교량·도로·주택 건설의 설계비와 건설비는 어디서 주는가?

14) 새마을운동 전후의 농촌 근대화 비교 수치와 국가 발전에 미친 영향은?

15) 도농 소득 격차는 여하히 해소하는가?

16) WTO 이후 농촌 농민 대책은?

이러한 의문 사항에 초점을 맞춰 강의한 후 다음과 같은 당부를 했다.

첫째, 여러분 자신이 먼저 진정 농촌과 농민을 사랑하는 마음과 농심으로 무장할 것.

둘째, 마을 지도자를 먼저 발굴, 교육할 것.

셋째, 우선 주민 스스로 할 수 있는 쉬운 일부터 시작할 것.

넷째, 지역 실정에 맞는 사업을 주민이 원하는 바에 따라 시작하되 주민 자력갱생 의지의 동기를 부여하며, 자립 의지 우수 마을부터 차등 지원할 것.

다섯째, 장기적인 안목을 가지고 꾸준히 추진할 것이며, 행여 공명심에 들떠 실적 위주의 허위 과장 보고나 한건주의로 일하지 말 것.

이어서 류수〔劉恕〕 박사가 '한국 신농촌운동 추진 내용과 국가 발전에 미친 영향' 에 대한 그간의 고찰 소감과 연구 분석 내용을 상세하게 강의하였다.

오후에는 정진석 대표의 '한국 신농촌운동과 농협의 역할' 에 대한 강의가 있었고 이어 최재선 박사가 '한국 신농촌운동이 농촌 근대화 및 국가 발전에 미친 영향' 에 대하여 구체적 통계 수치로 계량화하여 강의를 마친 후 동영상 두 편을 시청토록 하여 심도 있고 짜임새 있는 교육을 마쳤다.

실용기술 부문은 유기 축산 자문위원단의 권대식 단장과 친환경농산물 인증 영농조합법인의 최상천 대표가 질의응답 방식으로 유기 축산과 유기농 실용기술을 전수하였다.

감숙성은 면적이 42만㎢이고 인구는 1600만 명인데 70%가 빈곤 농민이다. 연평균 강우량은 300~600㎜로 건조한 사막 지대이며 고랭지 채소, 마령서 재배와 목축업(소·양 등 1억 2천만 두)이 주업이다. 농민 연평균 소득은 1928위안으로 30개 성 중 하위다. 45개 소수 민족이 살고 있는데 그중 회족(이슬람)이 가장 많고 목소리가 높으며 장삿속이 밝다고 하였다. 다른 지역에는 없는 소수민족으로 보안족(保安族)·유고족(裕固族)·동향족(東鄉族)이 있고, 가장 문화 수준이 높은 민족은 조선족이라고 하였다.

지하자원이 풍부하여 석유·석탄·아연·동 등이 생산되며, 석유화학공업이 성 재

정 수입의 대종을 이루고 있다.

란저우 시는 실크로드의 중심지로 공업도시인 반면, 천수시(天水市)는 감숙성 동남쪽에 위치하여 비교적 농업 조건이 양호하다.

화훼 육종 시범구인 천금원은 2000무의 면적에 9개 기업이 80억 원을 투자하여 600붕의 온실을 가지고 각종 화훼 신품종을 육성·보급하면서 농민 500여 명을 고용하여 농외소득 증대 및 실용기술 전수에 기여하고 있었다.

또한 유인 우주비행선 신저우 5호가 이곳 화훼 종자를 연구 시험용으로 사용한 바 있어 이곳 화훼 종자를 '신항종(神航種)'이라 이름 붙이고 고가 브랜드화하고 있었다.

천수시에는 괘태산(卦太山) 위하수(渭河水)에서 태황 복희씨(伏羲氏)가 태극 8괘를 창안 성도(成圖)하였다 하여 복희묘(伏羲廟)에서 삼황오제 중 으뜸 황제로 받들어 연중 행사로 제례 의식을 행함으로써, 8000년 중화 역사의 발원지라는 자부심과 함께 관광자원으로 활용하고 있었다.

감숙성 란저우 제31기 배훈 합동 촬영 사진

천금원(天錦園)은 9명의 기업인이 40만 평에 한화 80억 원을 투자하여 지역 농민 500명과 합작 운영하고 있는데, 1인당 월급은 한화로 약 5만 원이고 꽃재배 기술을 전수받는 것이 특혜라 하였다.

란저우 공항으로 가는 도중에 전국 최고의 양요리 전문점 하서양육식당 사합원(四合院)에서 양고기 요리 오찬을 했는데, 마늘과 된장이 맛을 더해 주는 필수 양념이라고 하였다.

해발 1000m의 삭막한 고원 지대에 소수민족들이 등에 물동이를 지고 올라가 밀과 유채를 재배하고 있는데, 공항 근처 도로 주변 산에서는 스프링클러로 향나무 유목에 관수하고 있었다.

공항에서 본 〈인민일보〉에는 '사회주의 신농촌 건설'과 '사회주의 영욕관(榮辱觀) 실천'에 대한 기사로 가득했다. 학자들의 이론 연구, 관리들의 추진 계획 수립, 농민들의 실천으로 농촌 근대화와 농촌 공업화, 농산물 생산 과정과 유통 판매 과정까지 철저한 지도로 농민의 실질소득을 증대시킨다는 것이다.

특히 빈곤 농촌 농민의 복지 향상을 위해 우선 시행할 정책을 다음과 같이 선포하였다.

감숙성 천수시(天水市) 식물연구센터 천금원(天錦園)

감숙성 천수시(天水市) 복희씨(伏羲氏) 묘(廟).

1) 2600년 동안 징수해 오던 농업세를 철폐한다.

2) 농촌 지역에 9년제 의무교육을 실시한다.

3) 농촌 지역의 도로·상하수도 위생 시설, 전기 시설 등 투자를 조기 시행한다(태양력·풍력 등 이용 확대).

4) 산간 오지 마을도 20명 단위로 라디오를 보급한다.

5) 오지 빈곤 농가에 바이오 가스를 생산 공급한다.

6) 향급 보건소를 증설하고 우수한 도시 의사들을 파견하여 빈곤 농촌 의료사업을
   확충한다.

7) 농촌 사회보장 시스템을 도시 수준으로 개선한다.

8) 시범 신농촌 기지를 각 성에서 10개, 100개, 1000개 단위로 건설한다.

9) 한국 새마을운동을 본받아 국가·성·현·향·진 단위로 단계적 계획을 수립하
   여 지원하고 방대한 사업을 기필코 달성한다.

10) 공무원은 열정을 가지고 마을 지도자와 합심하여 사회주의 신농촌 건설 영도
    소조(領導小組)를 이끌어 나간다.

이제 우리 한국이 새마을운동을 전수하는 단계는 지나고 중국의 농업 지원 정책을
도리어 배워야 할 때가 오고 있다.

중국 고찰단(考察團) 방한

애심-양광 교육 우수 수료생을 포함한 중국 지도자(25명 내외)가 선진지 견학을 목적으로 한국을 방문하고 있다(연 1회 실시). 고찰(견학) 내용은 기별로 다르나 대략 다음과 같다.

- 새마을지도자연수원 : 원장과 대화 후 새마을역사관 견학.
- 국회의사당 : 김원기(金元基) 국회의장 예방, 한·중 양국이 새마을운동을 통하여 공동 번영의 길을 찾고 우호를 증진하자는 내용의 담화와 기념촬영 후 의사당 견학.
- 삼성·SK·LG 전자 등 전자회사 1개소 견학.
- 현대자동차 공장 견학.
- 홍성 오리농법 벼 재배 단지 : 주형노 지도자와 대화, 오찬.
- 안성 농협연수원, 원예 육묘장 : 전임 정진석 원장과의 대화.
- 우수작목반
- 경기 새농민회 태춘농장 : 전태은 회장과 대화 후 유기농 재배 오이를 직접 따서 먹어 봄.

- 제천 사과영농조합법인 : 정원택 회장과의 대화.

- 원주 가나안농군학교 : 김범일 교장을 예방하고 황무지를 개간하여 가나안 농장을 건설하고, 이상 농촌운동을 전개하여 사회 봉사 부문 막사이사이상을 수상한 일가 김용기 선생의 사상에 대한 강론을 들음.

- 명주 과수원 및 설악산 고찰.

- 전주 포도왕 이영식 농장 견학.

- 장성 학사농장 : 강용 대표와의 대화.

- 농협유통 : 사장과 대화 후 하나로마트, 화훼공판장 견학.

- 고양시 선인장 시험장 견학.

- 남대문시장, 서울 시가지 고찰.

- 상암경기장, 코엑스몰 수족관 고찰.

- 소망교회 : 곽선희 목사님, 김지철 목사님의 말씀을 듣는 예배 시간 체험, 환송 만찬, 우정의 시간을 갖고 석별의 정을 나눔.

선진지 견학 후 저녁에는 수원 아카데미하우스에서 분임토의를 하도록 하였다.

고찰은 단순한 관광과는 다르다. 무엇인가 자신들이 보고 듣고 느낀 사항들을 구체적으로 내면화해 손에 쥐고, 머리에 담고 귀국하여 낙후된 농촌의 발전을 위하여 실천하도록 하는 데 목적이 있기 때문이다.

먼저 분임토의 진행 요령에 대하여 다음과 같이 안내하였다.

2003년 고찰 방문단을 환영하는 김지철 소망교회 당회장님.

중국 대표단을 환영하고 축복하는 김지철 소망교회 당회장님.

소망교회 아카데미하우스 연수원.

❶ 한국 민속박물관 방문.
❷ 한국 서울의 풍경.
❸ 오리농법 무공해 농장 견학.
❹ 낙농업 기술과 경험 견학.
❺ 2002 월드컵 주경기장을 찾아서.

분임토의 안내

1) 지역별 분임조 편성

2) 분임토의(Brain Storming)의 의의

기탄없는 대화를 통하여 해결점과 참신한 아이디어를 창출해 내는 중지 규합 토의 방식이다. 조직 구성원 전원 참석으로, 전원 의사 발표에 참여하여 공동으로 의사를 도출하는 데 중요한 뜻이 있으며, 이러한 과정을 거쳐 결정된 안은 사업 추진이 잘 된다. 의사결정 시점부터 참여 의식을 갖기 때문이다. 이는 현대 경영 팀별 운영 체제에서도 매우 선진적인 의사결정 방법이다.

3) 진행 요령

① 연구장·서기 1명씩 선출

연구장은 회의를 진행하되 자유롭게 의견을 발표할 수 있도록 유도하고 고루 발언 기회를 준다. 서기는 토의 내용을 기록한다.

② 토의 : 보고, 듣고, 느낀 점 또는 시행 중 체험에서 얻은 실천 아이디어 등을 기탄없이 발표한다. 마음의 문을 열고 자기가 실수한 점, 과오 등을 솔직하게 털어놓고 새 자세로 새 출발을 다짐하기 시작하면 생수(生水)가 터졌다고 한다. 생수가 터지면 연달아 입이 열리어 열띤 토의가 된다.

③ 토의 내용 종합 정리 : 맹인묘상(盲人摸象)격 의견이라도 버리지 말고 모아서 조율하라. 부분적 단견이지만 비웃거나 핀잔하지 말고 중지를 모아 정리하면 최대공약수가 나온다.

논쟁, 말 막기, 말 가로채기, 무시하기 등은 자유의사 토론 진행에 방해 요인이 되므로 이를 연구장이 잘 조정해야 한다.

연구장 자신이 연설조로 장시간 말하거나 판결식 발언을 자제하고 쉬운 것부터, 가까운 주변 일부터, 내가 할 수 있는 일부터 시작하여 점

차 창의적·발전적·미래지향적·진취적·적극적 발상 토의를 유도
한다. 창의적 발상은 '바꿔 보자, 이용해 보자, 응용해 보자'는 적극적
의지에서 용출되는 것이다. 연구장은 조직원이 이러한 적극적 의지를
가지고 토의에 임하도록 노력해야 한다.

④ 발 표 : 토의 종료 후 조별로 발표한다. 문제점, 해결방안, 구체적 실
천계획 및 결의와 다짐 등의 순서로 발표하는데, 이 또한 상호 교육의
중요한 뜻이 있다.

저녁에 일찍 쉬거나 놀기를 원했다가도 일단 시작하면 학습 훈련이 잘 된 지도자들
이기 때문에 열심히 토의하고 발표 후 보람을 느끼며 귀국 후 지역 신문에 소감문과
함께 실천 사항을 발표하기도 한다. 이들은 특히 새마을역사관이나 첨단 기업 현장,
영농법인, 고소득 작목반 관찰 내용 등에 관심이 많았다.

2004년 3월 2일 한국 소망교회에서 열린 애심-양광 배훈계획 워크숍.
중국측에서 류수 박사와 샹화밍 총장이 참석하였다.

현지 고찰단 안내는 동북아과학기술협력재단 중국 지원팀이 기획하고 며칠씩 휴가를 내어 공항 출영부터 환영회, 현지 안내, 동행 합숙, 출국 전야 환송연, 공항 환송까지 성심성의껏 사랑으로 봉사했다.

마지막 날 소망교회 경건의 시간에 동참하여 소중한 말씀을 경청하고 따뜻한 정표의 선물과 함께 기념촬영도 했다. 출국 전야 환송회에서는 소망교회 여성봉사팀 성도님들이 사랑으로 준비한 만찬을 함께 하면서 가브리엘 중창단의 중창에 열렬한 박수를 보냈다.

장기 자랑도 하고 "사랑해 당신을 정말로 사랑해〔我愛你 我愛你眞情 我愛你〕" 노래도 함께 부르며 아쉬운 작별을 했는데, 이분들은 귀국 후에도 정말 사랑으로 영접해 준 소망교회 성도들을 잊지 못하는 것 같다.

중국 고찰단이 귀국하여 지역 신문에 발표한 소감문의 일부를 의역 전재하면 다음과 같다.

사랑해 당신을

(……전략……)

애심-양광 배훈 우수 수료자로 선발된 우리는 북경에 집합하여 사전 안내와 샹화밍 총장 환송을 받고 한국 인천공항에 도착하였다.

인천 국제공항은 인천 근해 영종도와 용유도 사이 진흙 갯벌을 메워 2001년 3월에 완공되었다는데 아시아의 새로운 허브 공항 역할 수행이 가능하며 첨단 도항 설비로 24시간 비행기가 이착륙한다는 거대한 공항이었다.

공항에는 "歡迎中國科協指導者訪問考察團"의 환영 플랭카드가 한눈에 보였고 한국재단 국제부장 강명진 선생님과 이병헌 선생님이 우리를 영접하였고 차내에서 열렬히 환영한다는 인사말을 들었다.

코엑스 몰 수족관의 신비로운 구경을 하고 52층에서 동북아과학기술협력재단 박래창 부이사장님의 재미있는 환영사와 함께 베푸는 만찬에서 즐거운 식사를 했다.

2001년 10월 23일 아침 일찍 일어나 오전에 한국 새마을운동 중앙연수원을 참관하였다. 먼저 새마을역사관을 둘러보았다. 새마을운동의 발생·발전 과정을 상세하게 알 수 있었다. 60년대 낙후하였던 농촌이 정부의 지지하에 새마을운동을 시작한 지 20여 년이라는 짧은 기간에 농촌이 빈곤을 완전히 탈피하고 부유한 나라가 되었으며, 이는 세계에서 제일 큰 지역성 사회사업 성과임을 알 수 있었다.

지금까지 145만여 명의 지도자를 양성하였고 이러한 활동은 농촌 주민의 정신과 생활 면모를 개변시킴은 물론 국민의 기본 소질과 창의력을 개발하고 과학적 사고방식을 가지도록 하였다고 한다. 외국에서도 세계 127개 국가에서 3만 5000여 명의 강습자들이 이곳에서 훈련을 받았다고 한다.

전임 정교관 원장께서는 매일 아침 5시에 제일 먼저 일어나 새벽종을 쳐서 모든 사람들을 깨워 하루의 일과를 시작하였다고 한다. 그의 솔선수범하는 정신을 볼 수 있었다.

다음에 인근 바닥 벽돌 공장(김종옥 사장)을 가보았는데 색상이나 질감이 우수하고 시공 기간도 1/6로 단축하고 비용도 1/3로 감소된다는 특허제품 생산 공장이라고 하였다. 중국에 합작 파트너를 물색한다고 하기에 연안 지역에 가능성이 있어 귀국 후 건의하기로 하였다.

저녁 8시에 새마을 중앙연수원 제2대 원장이신 정교관 교수님께서 새마을운동과 분임토의에 대하여 특강하셨다. 특히 7가지 기본 정신과 특별 공식(국력은 국민의지에 비례한다는 공식)이 매우 마음에 들었다. 강의 후 3개조로 나누어 열심히 토론을 하였다.

토론 결과는 내몽고 당서기(布和朝魯), 연안시 과기 주석(姬乃榮)과 창도현 진장(潭宏力) 3명이 발표했고 중국에 돌아가 새마을운동을 보급할 계획이라고

중국 고찰단의 국회 방문(김원기 국회의장 예방).

하였다. 다른 곳에 고찰도 가보았지만 이처럼 밤 10시까지 빡빡하게 토론한 적이 없었으며 이번 방문은 매우 가치가 있다고 생각한다. 새마을운동의 경험을 살려 농촌의 면모를 개변하고 농민들의 과학 문화 소질을 제고할 것이다.

10월 24일 오전에 삼성전자 집단을 방문하여 각종 고기술 제품 생산 과정 설명을 듣고 민속촌 구경 후 도드람 양돈연수원에서 선진 실용기술로 우량 돼지를 사육하는 현장을 보았다. 선진 기술을 중국·몽고·러시아·북한에 보급하였다고 했다. 그는 산중에 살지만 생각은 세계적으로 넓게 하고 있었고 경제 인식이 매우 강렬하였다.

차 안에서 최재선 박사님은 우리에게 〈사랑해 당신을〉 노래를 가르쳐 주셨다. 양양 설악산의 홍황청록이 어우러진 자연 풍광은 너무 아름다웠다.

저녁에 윤부장 부부가 우리를 초청했다. 나는 주방에 가서 직접 토마토계란탕을 만들어 모두 고향에서처럼 맛있게 먹었다.

양양군 김웅래 농장을 방문하였는데 초등학교 학력이지만 부지런히 열심히 배워 20년간 새마을 정신으로 노력 끝에 성공하여 지금은 인터넷으로 흥국·장신 두 품종 낙산 배를 판매하고 있었다.

연간 수입은 인민폐로 40만 위안이며 인근 1인당 평균 수입도 8만 위안이라 했다. 표창도 받고 전국농업협회 책임도 맡고 있었다.

새마을운동 정신은 한국 곳곳에서 재현되고 확대 발전되고 있는 것 같았다.

10월 26일 가나안농군학교를 방문하였다.

김범일 교장님은 설립자에 대한 사상을 말씀하시고 세 가지 지도자 소질을 말씀하셨다.

즉 근면·봉사·희생 세 가지 소질을 제고하고 정직한 사상으로 사회를 개변시켜 새로운 사상, 새로운 사람, 새로운 집, 새로운 농촌을 건설할 수 있다고 말씀하셨다.

1945년에 설립하여 59만 명이 훈련을 받았다고 하였다.

귀로에 제천 사과영농조합법인을 참관하였는데 신품종 사과를 생산·가공·

충남 홍성 주형노 오리농법 농장 견학.

장성 강용 학사농장 견학.

소양 이영식 포도왕 농장 견학.

판매하여 자산이 한화 32억 원이며 농가의 연간 평균 수입은 약 12만 위안이라고 하였다.

10월 27일 고양시 선인장 실험장을 방문하였는데 전문기술에 깜짝 놀랐다. 세계 500개 품종 중 300개 품종을 개발하여 네덜란드·미국·캐나다·중국 등지에 300만 달러의 양을 수출한다고 하였다.

점심식사 후 서울 시가지를 돌아보았다. 1300만 명(전국 인구의 30%)이 사는 서울 시내는 거리·상점·공원 곳곳마다 인산인해를 이루었다. 나이가 상이한 사람들이 어우러져 분위기가 있었고 치안이 좋아서 마음이 편했다.

저녁에는 동북아과학기술협력재단 분들과 대표 인사를 하고 파티를 했다. 박창래 부이사장님은 사모님들이 손수 뜨거운 사랑의 마음으로 만든 음식이라고 소개하였다. 우리는 열렬한 박수로 감사를 표했고 식사에 이어 양측에서 연출을 하였는데 우리는 차 안에서 배운 〈사랑해 당신을〉 노래를 합창하였다.

10월 28일 일요일
한국 교회 활동을 참관하였다.

우리는 다른 사람이 종교 믿는 것을 반대하지 않고 존경을 한다. 목사님은 일요일에 다섯 번 설교하시는데 한 번에 7000명의 사람들이 예배 드리러 온다고 했다. 곽선희 목사님은 동북아과학기술협력재단 이사장이신데 바쁘신 중에도 우리를 만나 주시고 세계 정세에 대해서도 말씀해 주셨다.

10월 29일
서로가 갈라지기 아쉬워하며 인천공항으로 떠났다.

우리는 한국 속담에 "뿌리가 깊은 나무는 비바람이 불어도 동요하지 않고 꽃이 피며 결실을 많이 한다. 깊은 샘물은 햇빛에도 마르지 않고 결국은 바다로 흘러들게 된다"는 말이 있듯이 우리들의 우의가 날마다 증가하기를 바라는 마음에서 배웅 나오신 강 부장님한테 떠부예를 징표로 선물하며 아쉬운 작별을 하였다.

(이 글은 한국 고찰단으로 참여했던 연안시 과기협 유춘옥(劉春玉) 부장이 〈연안신문〉
에 기고하여 보도된 장문의 내용을 발췌한 것이다.)

새마을운동 씨앗의 발아(發芽)

　　　　　　　2006년 2월 14일 베이징 중국공산당 중앙학교에 전국 31개 성과 시의 주요 간부 200여 명이 모여 한국 새마을운동 학습과 이의 도입을 위한 토론회를 개최하였다.

　이 자리에는 후진타오〔胡錦濤〕 국가주석과 원자바오〔溫家寶〕 총리도 참석하여 1970년대 한국의 새마을운동 방식을 낙후된 중국 농촌에 접목시키는 방안을 놓고 1주일간 토론회를 가졌다. 이 회의에 중국 인민해방군 주요 지휘관도 참석하여 새마을운동을 군에도 도입하는 방안을 찾았다.

　2005년 중국 정부는 11차 경제개발 5개년계획(2006~2010)을 수립하면서 이미 신농촌건설운동 추진을 확정하고 예산도 편성해 놓은 상태였다. 이번 토론회에서는 구체적 운영 방안의 틀을 짜고 다음과 같은 중국 신농촌건설운동 5대 지침의 실천 계획에 대해 논의하였다.

1) 정부가 주도하고 농민들의 자발적 참여를 유도.

2) 실사구시(實事求是) 정책에 역량 집중, 추진.

3) 쉬운 일부터 우선 추진하고, 점차 어려운 일 추진.

4) 중요한 일(인민 숙원 사업) 찾아내어 먼저 추진.

5) 형식주의(겉치레)를 배제하고 농민들이 원하는 일을 추진.

중국 국가통계국 자료에 의하면 2003년 말 현재 도시 지역 가정 1인당 평균 수입은 8472위안인 반면 농촌 지역 평균 수입은 2622위안이며, 엥겔계수 또한 도시 가정 37.1%, 농촌 가정 45.6%로 도농간 소득 및 생활 수준의 격차가 심한 것으로 나타났다.

농촌 지역도 동서간 · 남북간 소득 차이가 심하여 서북부 지역 빈곤 농민의 수는 9000여만 명으로 중국 전체 농민의 10% 가량이 절대빈곤 수준(연간 수입 865위안 : 한화 약 12만 원)이다.

중국 신국가 헌법 제1조 규정에 "중국의 정체는 노동자 · 농민 연맹에 기초한 인민 민주독재의 사회주의 국가"로 되어 있다.

그런데 그 국가 주체인 농민의 10%가 절대빈곤 상태에서 허덕이고 있고, 8억 농민 소득과 도시민 소득 격차가 해마다 커지고 있다는 사실은 심각한 문제가 아닐 수 없다.

여기에 한국의 새마을운동 방식, 즉 "농민의 자력갱생 의욕을 북돋우면서 과감한 정부 지원으로 농촌 부흥을 시도하는 방식"을 벤치마킹하자는 당위성이 있는 것이다.

이에 따라 중국 정부는 2006년부터 15년간(세 차례의 5개년계획 기간)에 걸쳐 520조 원의 예산을 투입하여 신농촌 개발을 본격 추진한다.

개혁 · 개방 정책의 성공적 추진으로 경제 여력이 축적되어 빈곤 농촌을 신농촌으로 근대화시키려는 계획이 시행에 들어가는 것이다.

중국의 현재와 미래상

        몇 년 전 IBRD는 조사 보고서에서 2050년에 중국은 미국을 능가하는 초강성 대국이 될 것이라고 예고하였다.

중국 인구는 현재 13억이 넘는다(세계 인구의 22%). 그중 노동인구 7억 5000만 명이 2004년 한 해에 축적한 돈은 1조 2371억 달러다. 구매력 평가 기준으로 세계 3위다.

1인당 국민소득은 1000달러(구매력 기준 4000달러 초과)로 매년 10%대 경제성장, 10%대 소비 상승, 20%대 투자율 증가, 20%대 수출 증가의 성장을 지속하고 있다.

2004년에 수출 5936억 달러, 수입 5614억 달러로 교역 규모 세계 3위국으로 322억 달러의 무역수지 흑자를 기록하고 있다.

아시아 지역에서 일본을 제치고 최대 무역국이 됨으로써 아시아 지역 경제의 선두로 부상한 것이다. 외국인 직접투자액은 실행액 기준 604억 달러로 전년 대비 13% 증가하였다.

대한민국 장터에 나가보면 망치 · 도끼 · 숫돌까지 중국산이다. 섬유 · 신발 · 가전 등 전통 제조업 부문에서는 '세계의 공장'이 되면서 이미 한국을 추월했다.

가전과 IT 생산에서도 세계 시장점유율이 TV(36%), 에어컨(50%) 세탁기(24%), DVD

플레이어(25%), 디지털 카메라(17%), 모바일 폰(30%) 등의 경우 이미 일본을 추월하여 세계 1위를 차지하고 있다.

제11차 경제개발 5개년계획부터 중국의 산업정책은 기계 · 전자 · 석유화학 · 자동차 · 건설 등 전통 산업을 주축으로 성장하면서 IT · 정보통신 · 생명공학 · 신소재 · 우주공학 등 신산업을 보강하고 있다.

2015년까지 반도체 산업도 일본 · 한국을 따돌린다는 계획이다.

한편 저렴한 인건비에 풍부한 이공계 인력, 해외 유학파의 고급 두뇌, 거대한 내수시장 조건 등을 내세워 세계 500대 기업의 연구개발(R&D) 센터를 적극 유치하고 있다. 그 중 300개 이상은 이미 중국에 기술이전 조건으로 접목되어 있다.

중국의 혁명 제4세대 후진타오 신정부의 국가 운영과 경제정책 기본 방향 '1234 계획'은 다음과 같다.

첫째, 1은 한 가지 목표 즉 연평균 7% 이상의 안정된 경제 고속 성장이다.

둘째, 2는 두 가지 전략 방향 즉 경제 구조조정과 개혁 · 개방의 견지다.

셋째, 3은 세 가지 문제 해결 즉 ① 취업 확대 및 사회보장 체계 확립, ② 재정수입의 확대와 세수 관리 강화, ③ 공정 경쟁의 시장질서 확립이다.

넷째, 4는 네 가지 개혁 즉 ① 농촌 개혁, ② 기업 개혁, ③ 금융 개혁, ④ 정부 기구 개혁이다.

우리는 특히 네 가지 개혁 방향을 예의 주시할 필요가 있다. 현재 개혁 · 개방으로 고도성장을 하고 있는 거대한 중국이 안고 있는 문제들, 이를테면 빈부격차(도농 소득 격차), 공기업 부실, 금융 부실, 부정부패, 실업자 문제 등 난제들을 어떻게 해결하며 시장경제하의 사회주의 체제를 성공적으로 지속 발전시켜 나가느냐 하는 과정을 지켜볼 수 있기 때문이다.

중국 1·2·3·4세대 지도자들.

오늘의 중국을 이끌어 가는 거대한 힘은 어디에 있는가.

먼저 지도자 계보를 살펴보기로 하자.

중화인민공화국 건국부터 지도자를 구분해 보면 제1세대는 1936년 공산당 혁명 대장정에 참여하여 1949년 공산당 정부를 수립한 지도자 모택동, 유소기, 주은래 등이다.

제2세대는 항일투쟁과 국공 내전에 참가한 세대로 문화대혁명 이후 중앙에 진출한 지도자 등소평, 진운, 호요방, 조자양 등이다.

제3세대는 1930년 이후 출생자로 해외유학(구 소련·동구) 경험자 및 고학력 지도자로 강택민, 리붕, 교석, 주용기 등이다.

강택민 주석은 1926년 강소성 양주 출생으로 상해 교통대학교를 졸업하고 전기기사 자격증 취득 후 선진기술을 습득하기 위해 여러 공장, 여러 연구소에서 연구한 노력파이며, 등소평·리붕의 호감을 사서 이데올로기의 공고화와 경제개혁 지속 추진을 위해 등용되어 1992년 국가주석에 취임했다.

제4세대는 1940년 전후에 출생하여 국내 정규 대학(이공계)을 졸업하고 문화대혁명을 시작으로 활동하다가 1990년대에 중앙에 진출한 지도자로 호금도(후진타오), 온가보(원자바오), 오방국(우방궈), 증경홍(쩡찡홍) 등이다. 호금도 주석은 1942년 상해 출신으로 청화대학 수리공정과를 졸업하고 1965년 공산당에 가입하여 중앙에 진출, 2000년대 초 제4세대 주석으로 선출된 유연하면서도 결단력이 강한 것으로 인정받는 지도자다.

건국 이후 이들 지도자는 리더십의 역사적 계승으로 발전의 맥을 이어 가고 있다.

모택동 주석의 대약진운동이 실패한 후 문화대혁명 당시 등소평은 주자파(走資派)로 몰려 퇴출당하는 등 혹독한 시련을 겪었지만 원한을 잊고 모 주석의 건국 공로와 실사구시 사상을 이어받아 개혁·개방으로 인민의 민생 문제를 해결하는 데 총력을 기울였다. 등소평 주석은 천안문 사태 등 역사적 과오도 있었지만 강택민 주석과 주용기 총리 등 후계 지도자들을 착실하게 준비시켜 개혁·개방 정책을 꽃피우게 하여 놓고 장묘 문화 혁신을 위하여 사후 자기 시신을 화장하여 바다에 뿌리라는 유언을 남기고 떠났다.

후진타오(호금도) 주석과 원자바오(온가보) 총리 등 4세대 지도자 그룹은 강택민 주석의 3개 대표 이론을 발전적으로 계승하여 20여 년간 추진해 온 개혁·개방 정책의 부수적 문제점들을 해결해 나가면서 안정적이고 체계적인 균형 발전을 추구하고자 노력하는 모습이다.

대도시 어디를 가나 걸려 있는 모택동·등소평·강택민 세 지도자가 함께 손을 흔드는 초상화를 보면서 리더십 계승 체계의 순기능과 리더십 단절의 역기능을 우리 현실과 비교 평가해 보기도 했다.

'중국 붕괴론'과 '중국 위협론'

세계 여러 나라들은 요즈음 중국을 보며 여러 가지 예측을 한다. "손문 총통이 터를 잡고, 모택동 주석이 밭을 갈아서, 등소평 주석이 씨를 뿌리고, 강택민 주석이 꽃피게 하여, 호금도 주석 시대에 열매를 딴다는데 두고 보자"는 말들도 곧잘 한다. 그러면서도 여러 가지 이유를 들어 중국이 결국 붕괴할 것이라는 책을 쓰는 사람들도 있다.

개혁 과정에서 퇴출된 공공 부문의 직원들과 빈곤 농촌에서 도시로 몰려드는 실업자 수는 날로 증가하고 계획경제에서 시장경제로, 농업 사회에서 도시·공업화 사회로 이행하는 과정에서 발생하는 문제들을 보고 여러 가지 예측을 하는 내용들이다.

붕괴의 위험을 말하는 내용은 대략 다음 10가지로 요약될 수 있다.

1) 국영기업의 비효율

2) 금융부실, 허위공시 및 분식결산 등의 감독 기능 취약

3) 구조적 실업의 누증

4) 빈부격차 심화

5) 황금만능주의 팽배와 부정부패 만연

6) 중앙정부의 권한 약화, 위성 인터넷에 의한 통제력의 무력화

7) 과학기술 교육의 약화

8) 사회 인프라(운송 · 통신 · 에너지) 미비

9) 사회 안전망 미비(민주화, 불복종, 독립화 요구 점증)

10) 사막화와 수자원 부족

이 같은 내용들 중에는 2005년에 본토와 대만 간에 전쟁이 발발하고 동시에 민주화 요구가 폭발해 붕괴될 것이라는 예언도 포함되어 있었다.

그러나 2005년에 전쟁이나 어떤 내란이 일어날 기미가 보이지 않았고 오히려 대만 야당 지도자들이 북경을 방문하여 "중국은 하나다"라고 하면서 후진타오 주석과 친교의 악수를 나누는 장면들이 연일 보도되었다. 자정 노력과 쇄신 노력 또한 계속되고 있다.

한편 위협론(威脅論)을 보면

1) 중국은 로마제국 멸망 이후 1500년 동안 '세계 유일의 강대국'이었다. 그 기간에 중국은 문화와 예술, 과학과 교역 그리고 개척 활동을 꽃피웠다. 그 뒤에 유럽이 승리의 나팔을 불었고 다음엔 미국이 패권을 잡았다. 그렇다면 역사적 순기로 볼 때 중국이 다시 새천년 시작과 함께 예전의 영광을 되찾아 패권을 잡을 것이다.

2) 등소평 주석이 생전에 "중국은 건국 100년째 되는 2050년쯤에 초강대국으로서 총선거 제도나 민주화가 자연스럽게 이루어질 것이다"라는 발언을 한 일이 있는데, 이는 우연히도 한때 IBRD 예측과 일치한다.

3) 1990년대 말 중국의 개혁 · 개방 노선이 안정 단계로 접어들면서 외국인 투자가

급증하고 1980년 이후 9%가 넘는 사상 유례없는 고속성장을 계속하고 있다. 만약 중국이 새롭게 축적된 경제력을 가지고 군사력 증강에 힘써 국방력을 강화한다면 언젠가는 미국의 군사 및 경제를 위협하는 존재로 등장할 수 있다(R. Munro).

4) 1997년 아시아의 외환위기에서 한국을 비롯하여 아시아 경제가 흔들릴 때도 중국 경제는 아랑곳하지 않고 8%대 성장을 계속했다.

5) 일본은 생산 기지의 중국 이동으로 결국 중국에 먹혀 버린다(〈뉴스위크〉 2002년 1월호). 장기적으로는 중국 제품의 수입 증가와 고부가가치 산업의 생산 및 연구 개발의 중국 이전으로 한국 국내 산업도 공동화될 것이다.

6) 중국의 국력이 비약적으로 증대하여 장기적으로 보면 아시아 각국 간에 '힘의 불균형'이 우려된다.

그러나 이러한 위협론 역시 위협론으로 노출되는 그 시점부터 생존 본능에 따른 반위협론으로 대처하기 때문에 어디까지나 '론'일 뿐이다. 다만 계속 새롭게 치고 나갈 대처 능력을 도출할 수 있는 국민의 의지가 문제라고 본다.

푸둥〔捕東〕 간부학원

중국 상하이 푸둥 지역에 초현대식 공산당 간부학원이 새로 설립되었다. 40만㎡에 이르는 멋진 캠퍼스의 간부학원(CELAP)은 중국 6800만 공산당원 중 가장 핵심적인 요원들을 훈련시키는 학교다.

기존의 공산주의 이론 학습의 범주를 탈피하여 현대과학, 기술, 법, 군사 문제 등을 학습한다. 민간 기업인들을 위한 MBA 과정도 편성되어 있다고 한다.

여기에서 가장 먼저 실시된 프로그램은 당원들의 정신개조를 위한 18개월간의 쇄신운동 학습이다. 이 쇄신운동은 급속도로 자유화·상업화되어 가고 있는 중국 사회에서 공산당의 존재 의의를 찾고, 계속 지배세력이 되기 위한 자기혁신의 몸부림이다.

중국에는 두 가지 어려운 관문이 있는데, 하나는 인민해방군에 입대하는 것이고 또 하나는 공산당원이 되는 것이다.

중국에는 교육 의무는 있어도 병역 의무는 없다. 군에 입대하려면 해당 조건을 갖추고 수많은 경쟁자 중에서 선발되어야 한다. 농촌 청년이 군에 선발되면 선망의 대상이 된다. 우선 좋은 직업군인 대우를 받고 제대하면 취업이 보장되기 때문이다.

공산당원이 되려면 여러 가지 조건을 갖춰야 하고 양성 예비 절차를 거쳐서 심사에 통과되어야 한다. 북경대나 청화대 등 국가 인물이 되려는 인재들을 엄선하여 양성할 때 소정의 절차 중에 다음과 같은 자문 서약이 있다고 들었다.

1) 나는 진정으로 인민을 사랑할 수 있는가?

2) 나는 죽을 각오로 비리·부정부패와 싸울 수 있는가?

3) 나는 세계 조류에 뒤지지 않기 위하여 신지식을 계속 연마할 수 있는가?

4) 나는 당이 추구하는 투철한 이념으로 인민을 위하여 끝까지 멸사봉공할 수 있는가?

5) 나는 세계 열강들이 우려하는 국내 문제들을 해결하기 위하여 항상 최선의 대책을 건의·수립·추진할 수 있는가?

여기에 후진타오 주석이 최근 강조한 '사회주의 영욕관(榮辱觀)'도 주목을 끌고 있다. 즉 중국인의 영·욕 중 조국에 대한 열렬한 사랑, 인민에 대한 진정한 봉사 정신, 과학 숭상, 근면 정신, 상부상조의 협동 정신, 신용과 대의를 지키는 성실성, 철저한 준법성(청렴·공정), 검소한 생활, 자조 노력 등은 마땅히 지키고 행하여야 할 영예로운 덕목이다.

반면에 조국에 해를 끼치는 행위와 인민에게 등을 돌리는 배신 행위, 우매 무지한 비과학적 사고방식과 안일 나태한 자세, 이기적 행동과 불성실한 신용 타락 행위, 부정 불법 행동과 사치 풍조 등은 해서는 안 될 치욕(恥辱)된 행위라고 강조하였다.

이는 마치 청교도 윤리 선언 같은 느낌마저 든다.

프로테스탄티즘이 영·미 자본주의를 성숙·발전시켰듯이 공산당이 정말로 자문 서약이나 영욕관처럼 거듭나서 자국 경제를 발전시킬 뿐만 아니라 영적으로도 성숙

해져 세계 평화와 인류 공영에 공헌할 수 있기를 충심으로 염원한다.

푸둥 간부학원 이전에 이미 설립된 북경 공산당 중앙학교, 대장정 출발점 정강산시와 종착점 연안시에 설치된 국립공산당학교, 그 밖의 전국 네트워크 학습 조직이 "신공산당 없이 신중국은 없다〔沒有新共産黨, 沒有新中國〕"란 구호를 걸고 이와 같은 쇄신 노력과 도덕성 추구의 방향을 주제로 토론하고 연구를 거듭하고 있음은 실로 다행한 일이다. 중국을 지배하는 절대적 리더십은 공산당에서 나오기 때문이다.

중국도 형식상으로는 3권 분립이 되어 있고 정당도 여러 개 있다(8개). 다만 공산당이 집권할 뿐이다.

중국 헌법상 최고의결기구는 전국인민대표대회(단원제 의회)다. 전인대는 매년 3월에 열리는데 헌법 개정, 법률 제정, 국가 예산안 처리, 경제개발 5개년계획 확정, 국가주석·총리 선출 등의 권한이 있다.

성·자치구·직할시·군·소수민족 등이 선출하는 전인대 대표(의원) 수는 2120명이고 임기는 5년이다.

상임기구로 중앙위원회(정위원 198명, 후보위원 158명)가 있으며, 총서기는 후진타오로 국가 주석과 중앙군사위원회 주석을 겸하고 있는 절대적 지도자다. 전국인민대표대회 산하에는 중앙정치국이 있다.

집단지도체제라고 볼 수 있는 중앙정치국 상무위원회 상무위원 9명이 오늘의 중국을 이끌고 있는데, 서열별 직책은 다음과 같다.

후진타오〔胡錦濤〕: 42년생, 당 총서기, 국가 주석, 중앙군사위원회 주석

우방궈〔吳邦國〕: 41년생, 전인대 상무위원장(의회 의장격)

원자바오〔溫家寶〕: 42년생, 국무총리

지아칭린〔賈慶林〕: 40년생, 전국정치협상회의 주석

쩡찡홍〔曾慶紅〕: 39년생, 중앙당학교 교장. 국가 부주석

황쥐〔黃菊〕: 38년생, 부총리

우관정〔吳官正〕: 38년생, 중앙기율검사위 서기

리창춘〔李長春〕: 44년생, 이념(이데올로기) 담당

루오간〔羅干〕: 35년생, 중앙정법위 서기

최고의결기구인 전국대표대회(의장 우방궈)는 소수민족 대표까지 포함하는데 공산당 지시를 받은 국무원의 제안을 그대로 통과시키는 '거수기' 집단으로 알려져 왔지만 이는 사실과 다르다.

1996년 제6기 전인대 제4회 회의시 국무원이 준비하던 산시아 댐 건설 및 산시아〔山峽〕성 설치 심의를 보류시켰고, 제6기 전인대 제17회 회의 의제로 제출된 '기업파산법'을 부결시킨 일도 있다.

요직 선거에서도 투표율이 중요하기 때문에 전인대 의원의 위상이 높아지고 있다. 전인대 개최 전 6개월부터 당 고위 간부들이 합숙 학습과 동시에 분임토의를 한다. 당면 과제와 지역별 숙원 사업 해결 방안을 찾아 해결할 것은 토의 도중에 해결한다. 중요 사안은 현지에 가서 현장 토론 후 현지 인민들의 의견 수렴으로 원만한 절충점을 찾아 합의 조율 후 전인대에서 결의하도록 하고 있다.

올해부터는 거수기 오명을 벗기 위해 완전 비밀투표 방식의 전자투표 시스템으로 바꿨다. 1979년 선거법 개정을 통해 거수 표결 대신 무기명 투표제를 도입한 이후 완전 비밀투표제로 바뀐 것이다.

각자 자기 좌석 앞에 설치된 세 개의 단추(찬성은 녹색, 반대는 빨강, 기권은 황색) 중 자유의사로 하나만 누르면 된다.

특히 다음과 같이 전인대 권한이 점차 강화되고 있다.

1) 구속성 정부 견제

2) 전문화(37개 전문 소위원회)

3) 서민 · 농민 중시(빈부격차 · 소득격차 해소) 강화

오늘날의 중국은 이미 공산주의 국가가 아니다. 자본주의 지향적이고, 민주주의 지향적인 국가인데 다만 공산당이 집권하고 있는 사회주의식 시장경제 중심 국가이다.

산업혁명 이후 세계경제 체제는 독점자본주의 시대로 들어갔다. 그후 아담 스미스, 존 스튜어트 밀, 듀이를 거쳐 정립된 실용주의 노선의 수정자본주의(복지국가) 체제와 루소, 헤겔, 마르크스, 엥겔스 노선의 사회주의 체제로 양분되어 서로 대립하는 양상을 보였다.

결국 구 소련을 비롯한 사회주의 국가는 붕괴되었으나 중국은 덩샤오핑이 과감한 개혁 · 개방 정책으로 시장경제 원리에 입각한 실용주의 노선을 택한 이래 성장을 거듭하고 있다. 아마도 500년 웅패의 진상(晉商) 상단의 상인 정신(誠信爲本. 以義制利)과 화교(9000만 명)의 자본력이 덩샤오핑의 사상 · 정책과 어우러져 중화사상(中華思想)으로 승화하여 성장 동력으로 이어진 것이 아닐까 하는 생각도 든다.

실용주의(實用主義)는 본디 그 뿌리가 자본주의(資本主義)다. 덩샤오핑이 선전〔深圳〕에서의 흑묘백묘론(黑猫白猫論) 남순강화(南巡講話)로 실용주의 노선을 선포하여 과감한 개혁 · 개방을 실시한 이후 중국은 이미 실용주의 노선의 철저한 수정자본주의 경제체제이지 공산주의 국가가 아니다. 다만 공산당이 집권하여 일사불란하게 이끌어갈 뿐이다.

그리고 미래지향적 순방향(順方向)으로 리더십이 승계되면서 새로운 역사를 엮어

나아가고 있다.

　3~4시간 걸리는 거리는 도리어 가깝다고 말하며 3~4일씩 열차를 타고 일보러 가면서도 느긋한 대륙적 기질 '만만디〔慢慢地〕' 문화와 부자를 보고 뒤에서 손가락질하기는커녕 능력껏 사는 것을 당연시하고 분발할지언정 욕하지 않는 국민성, 남존여비 사상이 완전히 철폐되어 공무원 절반이 여성인 나라, 혈연이나 학연을 중시하지 않고 능력과 신용 위주의 인물을 중시하는 나라, 13억 인구가 넘는 그 거대한 대륙 중국이 태산준령을 넘는 사자처럼 포효하며 지금 청룡처럼 웅비하고 있다.

기록을 마치면서

지난 5년간 여러 차례 중국 대륙 곳곳을 드나들며 한국의 새마을운동에 대한 이야기를 한다고 다니는 동안 나는 중국에 무엇을 전수했다기보다 실로 터득한 점이 많다.

경제성장에 걸맞게 집권 지도층이 환골탈태(換骨奪胎)하며 리더십의 선순환적 순방향(善循環的 順方向 : 플러스 승계 정신)으로 역사를 발전시켜 나아가는 모습을 보면서 황우일모격이나마 중국의 국가 운영체제 전반에 관심을 많이 갖게 되었다.

1970년대 빈곤 탈출과 경제성장을 위해 전 국민이 '근면·자조·협동'의 새마을 정신을 구심점으로 한데 뭉쳐 1만 달러 소득 시대까지는 왔으나 정치·경제·사회·문화·제도·관행에 이르기까지 기본 의식 개혁, 즉 새마을 정신의 생활습관화 단계까지는 이르지 못한 채 새마을운동은 폄하되고 복합적 갈등 속에 의식은 답보 상태에 있다.

반복되는 갑론을박으로 국론이 분열되고, 양극화의 갈등 속에 좌충우돌하며 비효율적·비정상적 현상이 계속되면 성장 동력이 떨어져 결국 경쟁력이 약화되고 역사는 정체되지 않을까 우려된다.

그러나 우리에게는 희망이 있다.

대한민국의 위대한 국민은 늘 선순환 방향으로 국면을 전환시켜 용케도 위기를 기회 삼아 극복해 나아가며 한 단계 위로 올라서는 저력을 발휘했기 때문이다. 그 저력, 국민 의지가 바로 국력이다.

그 저력이 바로 희망이다.

그 저력, 새마을 정신이 경제적 풍요와 정신적 귀감(龜鑑)이 되는 세계의 모범 국가로 올라서는 데 성장 동력의 시대정신으로 발현되어 나갈 것을 믿는다.

나는 그 저력을 믿으며 늘 기도하고 또 다짐한다.

"우리 국민 모두가 트레바리가 되지 말고 상생의 마중물이 되어 세계 모범 국가가 되는 데 작은 일 하나라도 내 자신이 먼저 실천할 수 있도록 인도하여 주소서."

사명이 따로 없다고 본다.

주어진 여건에서 주어진 일에 순수한 일념으로 최선을 다하다 보면 사명감이 생긴다. 이 시대에 사명감을 가지고 한·중 우호 증진과 새마을 정신 선양을 통해 국가 위상을 높이는 데 조금이나마 도움이 되었다면 그것은 나에게 커다란 보람이요 은총이다.

부족하나마 이 기록을 마치면서 새마을운동이 역사에 제대로 평가되기를 바랄 따름이다.

정교관

중국 새마을운동 '애심-양광운동(愛心陽光運動)' 5년을 회고하면서

"눈물을 흘리며 씨를 뿌리는 자는 기쁨으로 거두리로다"(성경, 시편 126:5).

1996년 '한·중 경제합작 대논단'을 통해서 한국의 기독교계, 학계, 기업가, 과학자 약 400명의 대표들이 중국 인민대회당에서 중국 공산당, 정부 최고위 관료들과 함께 한·중 간 경제 합작 포럼을 개최한 바 있습니다. 당시 소망교회 곽선희 목사님을 비롯하여 박래창 장로님, 류태영 장로님께서 중국 당, 정 관료들에게 한국의 새마을운동 정신과 기독교적 가치관과 윤리관에 대해서 주제 발표와 좌담회을 통하여 감동을 주신 바 있습니다.

이것이 계기가 되어 수 차례 중국을 오가시면서 '한·중 애심-양광 운동(韓中愛心陽光運動)'을 탄생시키셨습니다. 한·중 애심-양광 운동의 근본 취지는 중국 빈곤 농촌의 지도자들, 특히 빈곤 농촌의 모친 지도자들에게 새마을운동의 정신과 기독교적 사랑과 섬김의 정신을 심어 중국 빈곤 농촌을 잘사는 마을로 변화시키려는 정신 계몽 운동입니다.

나는 (사)한국동북아과학기술협력재단의 주중국 대표로 파견되어 중국과학기술협회 교수로 일하면서 한·중 애심-양광의 교량 역할을 담당해 오고 있습니다. 2001년 한·중 애심-양광 운동이 개막되면서부터 2006년 4월 현재까지 정교관 원장님을 초빙 강사로 모시고 중국 빈곤 농촌의 현장을 누비면서 이 운동을 섬겨 왔습니다. 정교관 원장님은 지난 5년의 세월 동안 31차에 걸친 훈련을 통해서 20개 성 출신 약 5000명의 중국 당정 관료들에게 새마을운동 정신과 성공 사례를 강의하시며, '농심(農心)=애심(愛心)=천심(天心)'의 정신을 중국 당·정 관료들에게 가르치는 정신 계몽 운동을 펼치셨습니다.

정교관 원장님을 모시고 함께 한 '애심-양광 운동' 지난 5년을 돌아보면 내 일생을 두고 영원히 잊을 수 없고 내 가슴에 담기에는 부족한 의미 있는 시간들이었습니다. 원장님은 중국 동과 서, 그리고 남과 북 5000km를 누비면서 북쪽으로는 소련을 접경하는 흑룡강성, 남쪽으로는 베트남과 이웃하는 광시자치구, 동쪽으로는 산동성 끝에서 서쪽으로는 감숙성 사막과 황토고원을 넘어 실크로드를 타고 오늘은 이 마을, 내일은 저 마을, 한 손에는 새마을 정신과 한 손에는 예수 그리스도의 사랑의 횃불을 들고 광야에서 외치셨습니다.

함께 버스를 타고 강을 건너고 계곡을 지나 사막과 황토고원을 다니면서 하나님의 은혜에 감격하여 같이 찬송도 부르고, 빈곤 마을에서 정성스럽게 베푼 잔치에서는 저는 "사랑해 당신을 정말로 사랑해……", 원장님은 "아리랑 아리랑 아라리요……"를 부르면서 중국 빈곤 농민들의 마음과 우리들의 마음은 하나가 되었습니다. 매번 훈련 개막식 때 울려 퍼지는 애국가를 들으면서 조국 대한민국을 생각하는 감격의 눈물도 금할 수 없었습니다.

원장님의 강의는 매번 들어도 늘 감동적이었습니다. 과학기술협회 류수 부주석과 남편 되신 중국과학원 티엔위조우 교수님은 지금까지 정교관 원장님 강의를 열 번 이상 들었는데도 매번 들을 때마다 진한 감동과 교훈이 있다고 말씀하십니다. 왜냐하면 정교관 원장님은 평생을 새마을 정신과 농심(農心)의 정신, 그리고 기독교의 사랑과 봉사의 정신으로 살아오셨고, 그 정신으로 수많은 중국 새마을운동 지도자들을 훈련 배출하셨으며, 지금도 사모님과 함께 산골에 들어가시어 이 정신을 실천하고 계시기 때문입니다. 사랑을 해본 사람이 직접 강의하는 것과 그 이야기를 듣고 강의한 사람과는 그 전달되는 감동을 비교할 수 없을 것입니다.

정교관 원장님은 늘 기도로 강의를 준비하십니다. 그리고 강의하실 때도 성심을 다해 열정적으로 강의하십니다. 누구보다도 중국 빈곤 농촌의 지도자들을 사랑하시고 그 무엇 하나라도 심어 주고 싶어하시는 애끓는 애심의 마음이 온 강의장을 열기로 뒤덮고 그 애심의 파장이 그대로 중국 빈곤 농촌 지도자들의 마음에 전달됩니다. 그래서 정교관 원장님의 강의는 영혼을 감동시키는 생명력이 있으며, 실천적 삶을 통한 살아 움직이는 생동력이 있습니다.

나는 정교관 원장님의 삶을 통해서 한 가지 기도 제목이 생겼습니다.

"하나님! 저도 정교관 원장님처럼 칠십이 되고 팔십이 되어도 기력이 쇠하지 않게 하시고 정교관 원장님처럼 그렇게 사용받게 하소서!"

지난해 92세의 일기로 돌아가신 세계 경영학의 대부, 피터 드러커(Peter Drucker) 교수님께서 말씀하신 "여러분들은 어떤 사람으로 기억되고 싶은가?"라는 교훈이 생각납니다. 저를 비롯하여 중국 빈곤 농촌의 수많은 인민들은 정교관 원장님을 생각할 때마다 "정교관 원장님은 중국 빈곤 농촌의 아버지"라고 기억하고 싶습니다.

정교관 원장님이 뿌리시는 한국 새마을운동 정신과 농심의 마음 그리고 예수 그리스도의 사랑의 진리가 중국 빈곤 농촌 인민들의 가슴에 심기어 언젠가는 기쁨으로 단을 거두는 그때가 속히 오기를 소망합니다.

2006년 4월 5일
최 재 선 교수(중국과학기술협회)

贺郑教变院长新书出版

郑教变院长：

　　作为友好的使者，您走遍了中国的南北东西，用友善的爱心和至诚，播送中韩人民友谊的种子。

　　作为智慧的同龄人，您用生动的语言和热切的心，传授"爱心"的哲理和走向富裕的经验。

　　祝贺郑教变教授新书出版。愿郑先生，我们的好朋友青春常驻，身体康健，幸福吉祥！

刘均　田松钊
2006.4.7.

류수 박사와 티엔 박사의 축하문

정교관 원장님

우호의 사자가 되시어
중국 동·서·남·북 일대를 누비면서
우호와 선하신 사랑과 지성의 마음으로
한·중 양국 국민의 우정의 씨앗을
심으시고 전파하셨습니다.
지혜로운 원로로서 생동하는 말씀과
열정으로 '농심'의 철학과
부유하게 사는 지혜를 전수해 주셨습니다.
정교관 교수님의 저서 출판을 다시 한 번
축하드립니다.
우리들의 좋은 친구이신 정교관 선생님
부디 만세 청춘을 누리시고
귀체 강령하시어
늘 상서로움과 행복이 댁내 가득하기를
축원합니다.

류수·티엔유자오 박사
2006년 4월 7일
(전 감숙성 부성장, 중국과학기술협회 부주석, 미생물학 박사)

사람 시

중국

한국의

정교관씨, 현지서

대대적인 '농촌 살리기'에 나선 중
이 최근 한국의 '새마을 운동'을 벤치
킹하는 데 열심이다. 2001년부터 중국
촌의 구석구석을 돌며 '새마을 운동
도사'로 활약해온 정교관(69) 전 새마
운동중앙연수원장은 "지난 5년간 박
씨앗이 드디어 결실을 맺는 느낌"이라
남다른 감회를 밝혔다.

정씨가 중국 대륙에 새마을 운동을
파하게 된 계기는 중국의 요청에 따른
이다. 1996년 7월 중국 베이징(北京
서 열린 '한·중 과학기술경제 교류대
에서 중국 측이 한국 쪽 참석자들에게
마을 운동을 전수해달라고 요청한 것
다. 2001년 4월 한국의 동북아과학기
협력재단(외교통상부 산하)과 중국
학기술협회 사이에 정식으로 사업계
이 조인됐다. 재단 측은 국내에서 수많
새마을 지도자를 양성한 경험이 있는
씨를 정규 교관으로 초빙했다. 정씨는
시 교관(농업전문가 1명을 수시로 선
과 함께 지난해까지 중국 현지에서 3
례에 걸쳐 농민·공무원 등 7700여 명
교육시켰다.

2002년 중국의 광둥(廣東) 지역여
중증급성호흡기증후군(SARS)이 유

농장에서 봄맞이 농사 준비를 하고 있는 정교관씨. 나무 중간에 있는
함석 부착물은 청설모 피해를 막기 위해 정씨가 직접 고안한 장치다.
예산=프리랜서 사진작가 이종탁

중국 랴오닝성을 방문해 현지인들에게 새마을 운동을 전파하고 있는
정교관씨(왼쪽에서 셋째).

촌 살리기 나선
'새마을 지도자'

7700여 명 교육

에도 정씨는 농촌을 돌며 교육일정
무리지었다. 이에 현지인들은 "자
의 사회에선 대가 없이는 일을 안 한
데 당신은 왜 그렇게 열심이냐"는
을 자주 했다고 한다. 그는 "70년대
을 운동이 성공할 수 있었던 건 많은
자들이 무보수로 헌신적으로 일했
문이다. 그런 사람들이 있는 한 새
운동은 절대 망하지 않는다"고 대
다고 소개했다. 이같은 열성에 감복
국 측은 지난해 말로 임기가 끝난
에게 5년 동안 교육을 더 맡아 달라
청했다.

는 "중국 농촌이 잘 살게 되면 우리
농촌이 피해를 볼 거라는 생각은 잘
것"이라며 "중국의 구매력이 높아
국산품 수출에도 도움이 되니 상생
를 얻을 수 있다"고 했다.

시는 평생 농촌 살리기의 외길을 걸
다 해도 과언이 아니다. 전북 전주에
민의 아들로 태어난 그는 서울대 경
과에 재학 중일 때도 4H클럽과 농
출자협회에 가입해 농촌 운동을 벌
대학 졸업 후 농협에 취직한 정씨
년 12월 새마을운동중앙회가 발족
중앙회 산하 기관인 새마을운동중

양연수원으로 옮겼다. 우수한 새마을 지
도자를 양성하는 게 시급하다고 여겼기
때문이다.

연수원장(84~87년)으로 재직하던 85
년 그는 지인의 소개로 충남 예산군 신
양면 여래미리의 해발 300m가 넘는 산
골 마을에 임야 5만평을 사들여 '다림
원'이란 농장을 열었다. 이론가로 남지
않고 직접 농사를 지으며 새마을 운동을
몸으로 실천해보이겠다는 취지에서였
다. 주말마다 연수원이 있는 경기도 성
남에서 농장까지를 버스로 오가며 유실
수를 심고 가꿨다고 한다. 94년 마지막
직장(대한교육보험 전무)을 그만둔 뒤
엔 아내와 함께 주민등록까지 농장으로
옮겼다. 2남 2녀를 모두 결혼시킨 정씨
부부는 요즘 농장에서 매실(100그루)·
호두(150그루)·당두충(1만여그루)·산
도라지·더덕을 키우며 산다. 농번기를
빼곤 일꾼을 쓰지 않고 부부가 농사를
감당한다고 했다.

정씨는 "요즘 농촌에선 자기 논밭에
수해가 나도 관공서에 복구를 부탁하곤
'나 몰라라' 하는 농민들이 적지 않아요.
'근면·자조·협동'의 새마을 정신이 사
라지는 것 같아 안타깝습니다"라며 아쉬
워했다.

예산=최준호 기자
choijh@joongang.co.kr

필자는 농협의 '농촌 사랑 지도자'들을 대상으로 특강을 할 때
'농심거화(農心拒火)'란 휘호를 수강자 대표에게 전달하며 격려한다.

부록

중국 공산당 조직도

全國代表大會 代表 2,120名
中央紀律檢査委員會
委員 121名
書記 吳官正(Wu Guanzheng)
中央委員會
委員 198名 候補委員 158名
總書記 胡錦濤(HuJintao)
中央政治局(委員 24名, 候補 1名
常務委員會 9名
胡錦濤 吳邦國 溫家寶
(HuJintao) (WuBangguo) (WenJiaobao)
賈慶林 曾慶紅 黃 菊
(JiaQinglin) (ZengQinghong) (HongJu)
吳官正 李長春 羅 幹
(WuGuanzheng) (LiChangchun) (LuoGan)
他委員 15名
候補委員 1名
中央 軍事 委員會
主席 胡錦濤
(HuJintao)
副主席 郭伯雄
(GuoBoxiong)
曹剛川
(CaoGuangchun)
委員 徐才厚
(XuCaihou)
梁光烈
(LiangGuanglie)
廖錦龍
(LiaoJinlong)
李繼耐
(Lijinai)
中央書記處書記7名
曾慶紅 劉雲山
((ZengQinghong) (LiuYunshan)
周永康 賈國强
(ZhouYongkang) (CaoGangchuan)
王 剛 徐才厚
(WangGang) (XuCaihou)
何 勇
(HeYong)
中央直屬機關

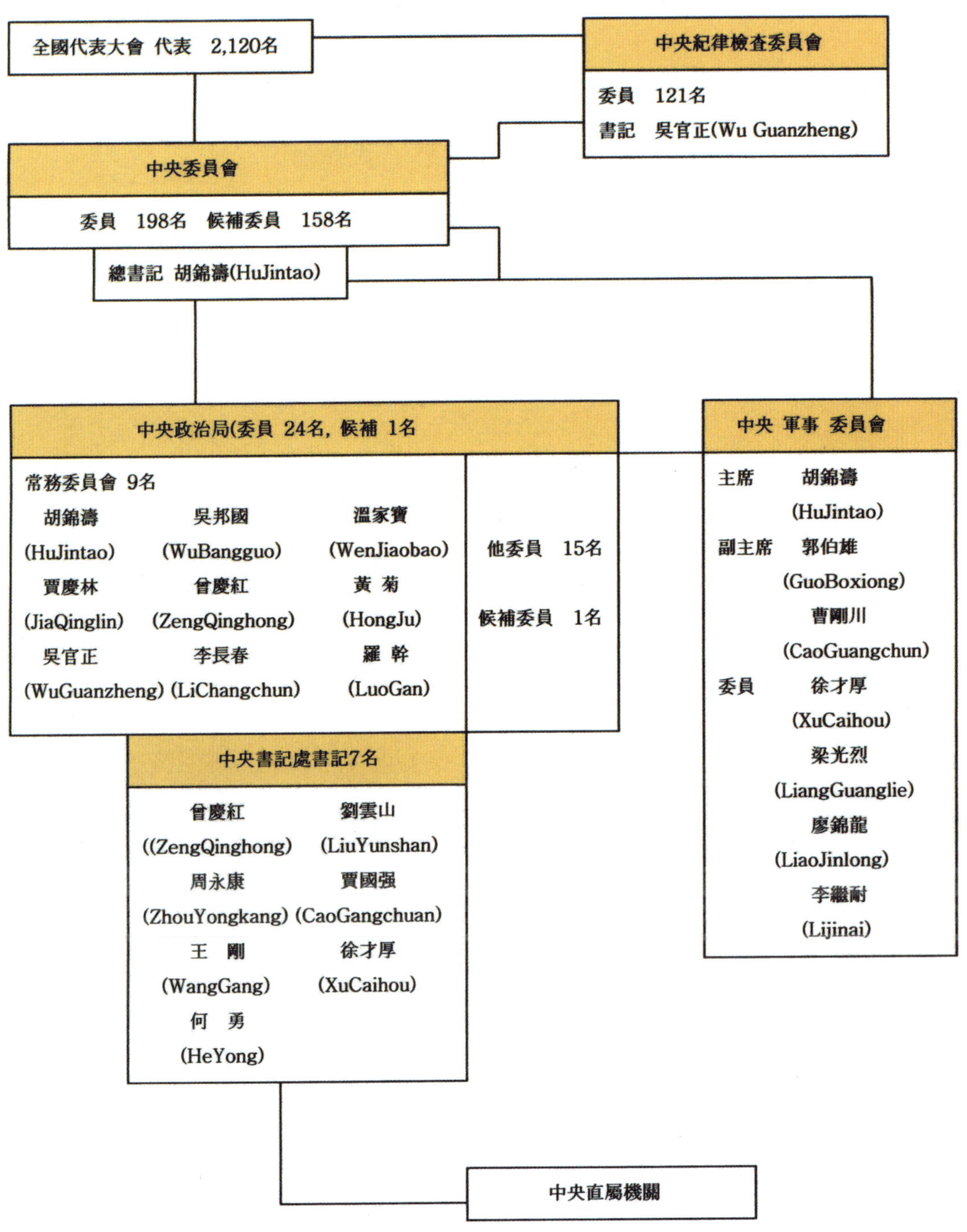

전국인민대표대회 조직 계통도

전국인민대표대회

전국인민대표대회 상무위원회
(위원장회의)

대표자격심사위원회
전국인민대표대회 상무위원회

관공실(辦公室)
법제공작위원회
예산공작위원회
홍콩(香港) 특별행정구기본법위원회

농업 농촌위원회
환경 자연보호위원회
화교위원회
외사위원회
교육과학문화위생위원회
재정경제위원회
내무사법위원회
법률위원회
민족위원회

중국공산당 중앙정치국 위원

당내직무	성명	발음	출생년월	주요겸직
常務委員	胡锦涛	Hu Jintao	1942/12	党总书记, 国家主席, 中央军事委主席
	吴邦国	Wu Bangguo	1941/7	全人代常务委委员长
	温家宝	Wen Jiabao	1942/9	国务院　总理
	贾庆林	Jia Qinglin	1940/3	政协全国委　主席
	曾庆红	Zeng Qinghong	1939/7	中央书记处　书记, 中央党校　校长, 国家副主席
	黄　菊	Huang Ju	1938/9	国务院　副总理
	吴官正	Wu Guanzheng	1938/8	中央纪律检查委员会　书记
	李长春	Li changchun	1944/2	이데올로기 – 担当
	罗　干	Luo Gan	1935/7	中央政法委　书记
委員	王乐泉	Wang Lequan	1944/12	新疆自治区党委　书记, 新疆生产建设兵团第一政治委员
	王兆国	Wang Zhaoguo	1941/7	全人代　常务委　副委员长, 全国总工会　主席
	回良玉	Hui Liangyu	1966/4	国务院　副总理
	刘　淇	Liu Qi	1942/11	北京市党委　书记
	刘云山	Liu Yunshan	1947/7	中央书记处　书记, 中央宣传部长
	吴　仪	Wu Yi	1938/11	国务委员, 卫生部长
	张立昌	Zhang Lichang	1939/7	天津市党委　书记
	张德江	Zhang Dejiang	1946/11	广东省党委　书记
	陈良宇	Chen Liangyu	1946/10	上海市党委　书记
	周永康	Zhou Yongkang	1942/12	中央书记处　书记, 国务院　公安部长
	俞正声	Yu Zhengsheng	1945/4	湖北省党委　书记
	贺国强	He Guoqing	1943/10	中央书记处　书记, 中央组织部长
	郭伯雄	Guo Bo xiong	1942/7	院中央军事委　副主席
	曹刚川	Cao Gangchuan	1935/12	中央军事委　副主席, 国务委员, 国防部长
	曾培炎	Zeng Peiyan	1938/12	国务院　副总理, 国家发展计划委　主任
候补委員	王　刚	Wang Gang	1942/10	中共中央办公厅　主任, 中央保密委　主任, 中央直属机关工作委　书记

직무	성명	발음	출생년월	주요겸임직
委員長	吴邦国	Wu Bangguo	1941/7	정치국 상무위원
副委員長	王兆国	Wang Zhaoguo	1941/7	总工会 주석
	李铁映	Li Tieying	1936/9	
	이스마엘 아마트		1935/9	
	何鲁丽	He lu li	1934/6	中国国民革命委 中央委 主席
	丁石孙	Ding shi sun	1927/9	中国民主同盟 中央委 主席
	成思危	Cheng si wei	1935/6	中国民主建国会 主席
	许嘉璐	Xu jia lu	1937/6	中国民主促进会 中央主席
	蒋正华	Jiang zheng hua	1937/10	中国农工民主党中央委主席
	顾秀莲	Gu xiu lian	1936/12	中华妇女联合会 副主席, 书记处 第一书记
	라그데		1938/8	
	盛华仁	Sheng hua ren	1935/9	
	路甬祥	Lu yong xiang	1942/4	
	우윤침구		1942/12	
	韩启德	Han qi de	1945/7	九三学社 中央主席, 中共党员
	傅铁山	Fu tie shan	1931/11	无党派 人士, 中国天主教爱国会 主席
秘书长	盛华仁	Sheng hua ren	1935/9	

중국 국가 주석 · 부주석

직무	성명	발음	출생년월	주요겸임직
国家主席	胡锦涛	Hu jin tao	1942/12	总书记, 政治局 常务委员, 中央军事委 副主席
国家副主席	曾庆红	Zeng qing hong	1939/7	政治局 常务委员, 中央书记处 书记, 中央党校 校长

전국정치협상회의 주석 · 부주석

직무	성명	발음	출생년월	주요 겸임직
主席	贾庆林	Jia qing lin	1940/3	中共中央政治局 常务委员
副主席	王忠禹	Wang zhong yu	1933/2	
	廖晖	Liao hui	1942/5	
	刘延束	Liu yan shu	1945/11	中共中央统一战线部长
	아페이아 왕진메이		1910/2	
	巴金	Ba jin	1904/11	中国作家协会 主席
	빠빠라그 레란쥬		1940/2	中国佛教协会 名誉会长
	李贵鲜	Li gui xian	1937/8	
	张思卿	Zhang si qing	1932/8	
	丁光训	Ding guang xun	1945/9	中国크리스트 教教会名誉会长
	霍英东	Huo ying dong	1923/5	
	马万祺	Ma wan qi	1919/10	
	白立忱	Bai li chen	1941/1	中华全国合作总社理事会 主任
	罗豪才	Luo hao cai	1934/3	致公党 中央主席
	张克辉	Zhang ke hui	1928/2	台湾民主自治同盟中央主席
	周铁农	Zhou tie nong	1938/11	中国和平统一促进会会长, 中国国民党革命委 副主席
	郝建秀	Hao jian xiu	1935/11	
	陈奎元	Chen kui yuan	1941/1	中国社会科学院长
	업라이티압드로시티		1942/3	
	徐匡迪	Xu kuang di	1937/12	中国工程院长

李兆焯	Li zhao zuo	1944/9	
黄孟复	Huang meng fu	1944/1	全国工商联合会 主席，民主建国会 中央副主席，中共中央党员
王选	Wang xuan	1937/2	九三学社 中央副主席
张怀西	Zhang huai xi	1935/2	中国民主促进会中央副主席
李蒙	Li meng	1937/5	中国农工民主党中央副主席

국무원 조직도

국무원
국무원 판공
부·위원회 기구
직속특설기구
직속기구
판사기구
직속사업단위
국유자산감독관리위원회
각·부위원회 관리 국가국
국가신방국(國家信防國)
외교부
국방부
국가발전개혁위원회
교육부
과학부
과학기술부
국방과학기술공업위원회
국가민족사무위원회
공안부
국가안전부
감찰부
민정부
사법부
재정부
인사부
노동·사회보장부
국토자원부
건설부
철도부
교통부
신식(정보)산업부
수리부(水利部)
농업부
상무부(商務部)
문화부
위생부
국가인구계획생육(계획출산)위원회
중국인민은행
심계서(審計署)
국가양식국
국가연초전매국
국가외국전가국(國家外國戰家國)
국가해양국
국가측회(측량)국
국가우정국
국가문물국
국가중의약(한의약)관리국
국가외회(외화)관리국
국가당안국
국가보밀국
해관총서
국가세무총국
국가공상행정관리총국
국가질량감독검험검약국
국가환경보호총국
중국민용항공총국
국가광파전영전시(라디오·영화·TV)총국
국가신문출판총서(국가판권국)
국가체육총국(중화전국체육총회와 1기구2명칭)
국가통계국
국가임업국
국가식품약품감독관리국
국가안전생산감독관리국
국가지식산권국
국가여유(관광)국
국무원 종교사무국
국무원 참사실
국무원 기관사무관리국
국무원 교무판공실
국무원 항오사무판공실
국무원 법제판공실
국무원 연구실
국무원 대만사무판공실
국무원 신문판공실
신화통신사
중국과학원
중국사회과학원
중국공정원
국무원발전연구중심
국가행정학원
중국지진국
국가기상국
중국은행업감독관리위원회
중국증권감독관리위원회
중국보험감독관리위원회
국가전력감관위원회
전국사회보장기금이사회
국가자연과학기금위원회

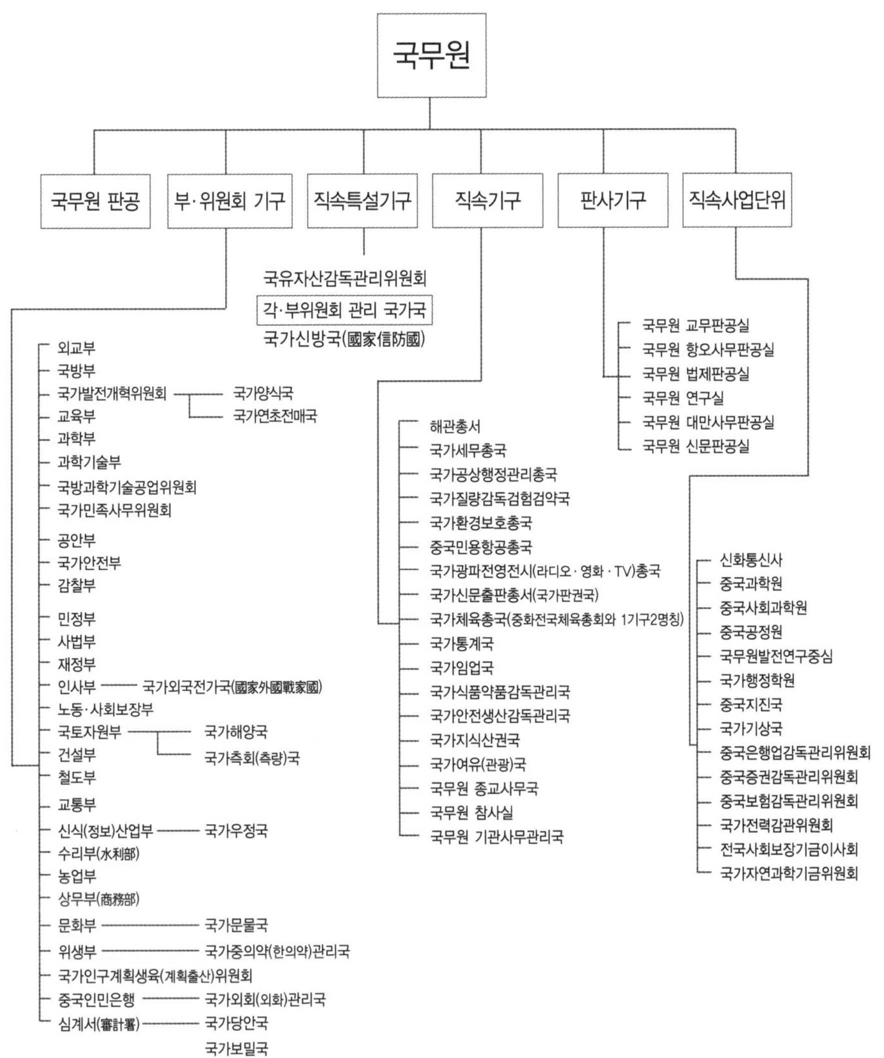

국무위원

직무	성명	발음	출생년월
國務院 总理	温家宝	Wen jia bao	1942/9
国务院 副总理	黄菊	Huang ju	1938/9
	吴仪	Wu yi	1938/11
	曾培炎	Zeng pei yan	1938/12
	回良玉	Hui liang yu	1944/10
国务委员	周永康	Zhou yong kang	1942/12
	曹刚川	Cao gang chuan	1935/12
	唐家璇	Tang jia xuan	1938/1
	华建敏	Hua jian min	1940/1
	陈至立	Chen zhi li	1942/11
国务院 秘书长	华建敏	Hua jian min	1940/1

국무원 각 부처 장관 일람표

직무	성명	발음	출생년월
外交部长	李肇星	Li zhao xing	1940/10
国防部长	曹刚川	Cao gang chuan	1935/12
国家发展. 改革委员会主任	马凯	Ma kai	1946/6
教育部长	周济	Zhou Ji	1946/8
国防科学技术工业委主任	张云川	Zhang yun chuan	1946/10
国家民族事务委主任	李德洙	Li de zhu	1943/11
公安部长	周永康	Zhou yong kang	1942/12
国家安全部长	许永跃	Xu yong yue	1942/7
监察部长	李至伦	Li zhi lun	1942/3
民政部长	李学举	Li xue ju	1945/10
司法部长	张福森	Zhang fu shen	1940/3
财政部长	金人庆	Jin ren qing	1944/7
人事部长	张柏林	Zhang bai lin	1942/8
劳动.社会保障部长	郑斯林	Zheng si lin	1940/5

国土资源部长	孙文盛	Sun wen sheng	1943/2
铁道部长	汪光焘	Wang guang tao	1943/1
建设部长	刘志军	Liu zhi jun	1954
交通部长	张春贤	Zhang chun xian	1953/1
信息产业部长	王旭东	Wang xu dong	1946/1
水利部长	汪恕诚	Wang shu 초둥	1941/12
农业部长	杜青林	Du qing lin	1946/11
商务部长	薄熙来	Bo xi lai	1947/7
文化部长	孙家正	Sun jia zheng	1944/3
卫生部长	吴仪	Wu yi	1938/11
国家计划生育委主任	张维庆	Zhang wei qing	1944/3
中国人民银行行长	周小川	Zhou xiao chuan	1948/1
中华人民共和国审计署长	李金华	Li jin hua	1943/7

중화인민공화국 중앙군사위원회

직무	성명	발음	출생년월	주요 겸임직
主席	胡锦涛	Hu jin tao	1942/12	党总书记, 国家主席, 中央军事委 副主席
副主席	郭伯雄	Guo bo xiong	1942/7	中央军事委 副主席
	曹刚川	Cao gang chuan	1935/12	中央军事 副主席, 国务委员, 国防部长
委员	徐才厚	Xu cai hou	1943/6	中央军事委 委员, 军总政治部 主任
	梁光烈	Liang guang lie	1940/12	总参谋部 总参谋长
	廖锡龙	Liao xi long	1940/7	总后勤部 部长
	李继耐	Li ji nai	1942/7	总装备部 部长

중국 31개 당서기 · 성장(省長) · 특별시(市) · 특별자치구(自治區) 지도자

(2004 년 6 월말 현재)

직무	성명	발음	출생년월	원적
北京市委 书记	刘淇	Liu Qi	1942/11	江苏省 武进
北京市长	王岐山	Wang qi shan	1948/7	山西省 天镇
天津市委 书记	张立昌	Zhang li chang	1939/7	河北省 南皮
天津市长	戴相龙	Dai xiang long	1944/10	江苏省 仪征
河北省委 书记	白克明	Bai ke ming	1943/10	陕西省 靖边
河北省长	季允石	Ji yun shi	1945/9	江苏省 海门
山西省委 书记	田成平	Tian cheng ping	1945/1	河北省 大名
山西省长	张宝顺	Zhang bao shun	1950/2	河北省 秦皇岛
内蒙古自治区委书记	储波	Cu bo	1944/10	安徽省 桐城
内蒙古自治区 主席	杨晶	Yang jing	1953/12	内蒙古 准格尔旗
辽宁省委 书记	闻世震	Wen shi zhen	1940/1	辽宁省 海城
辽宁省长	张文岳	Zhang wen yue	1944/10	福建省 浦城
吉林省委 书记	王云坤	Wang yun kun	1942/12	江苏省 溧阳
吉林省长	洪虎	Hong hu	1940/6	安徽省 金寨
黑龙江省委 书记	宋法棠	Song fa tang	1940/10	山东省 郯城
黑龙江省长	张左己	Zhang zuo yi	1945/1	黑龙江省 巴彦
上海市委 书记	陈良宇	Chen liang yu	1946/10	浙江省 宁波
上海市长	韩正	Han zheng	1954/4	浙江省 慈溪
江苏省委 书记	李源潮	Li yuan chao	1950/11	江苏省 涟水
江苏省长	梁保华	Liang bao hua	1945/11	江西省 宜春
浙江省委 书记	习近平	Xi jin ping	1953/6	陕西省 富平
浙江省长	吕祖善	Lv zu shan	1946/11	浙江省 杭州
安徽省委 书记	王太华	Wang tai hua	1945/10	江西省 兴国
安徽省长	王金山	Wang jin shan	1945/2	吉林省 公主岭
福建省委 书记	卢展工	Lu zhan gong	1952/5	浙江省 慈溪
福建省长	卢展工	Lu zhan gong	1952/5	浙江省 慈溪
江西省委 书记	孟建柱	Meng jian zhu	1947/7	江苏省 吴县
江西省长	黄智权	Huang zhi quan	1942/2	浙江省 桐乡
山东省委 书记	张高丽	Zhang gao li	1946/11	福建省 晋江
山东省长	韩寓群	Han yu qun	1905/4	江苏省 睢宁
河南省委 书记	李克强	Li ke qiang	1955/7	安徽省 定远

河南省长	李成玉	Li cheng yu	1946/8	宁夏区 海原
湖北省委 书记	俞正声	Yu zheng sheng	1945/4	浙江省 绍兴
湖北省长	罗清泉	Luo qing quan	1945/11	湖北省 江陵
湖南省委 书记	杨正午	Yang zheng wu	1941/1	湖南省 龙山 (*土家族)
湖南省长	周伯华	Zhou bo hua	1948/7	湖南省 湘潭
广东省委 书记	张德江	Zhang de jiang	1946/11	辽宁省 台安
广东省长	黄华华	Huang hua hua	1946/10	广东省 兴宁
广西自治区委 书记	曹伯纯	Cao bo cun	1941/11	湖南省 株洲
广西自治区 主席	陆兵	Lu bing	1944/10	广西自治区 武鸣
海南省委 书记	汪啸风	Wang xiao feng	1944/10	湖南省 慈利
海南省长	卫留成	Wei liu cheng	1946/8	河南省 沁阳
重庆市委 书记	黄镇东	Huang zhen dong	1941/1	江苏省 南通
重庆市长	王鸿举	Wang hong ju	1945/10	重庆市
四川省委 书记	张学忠	Zhang xue zhong	1943/2	甘肃省 兰州
四川省长	张中伟	Zhang zhong wei	1942/2	四川省 都江堰
贵州省委 书记	钱连录	Qian lian lu	1944/10	湖北省 大悟
贵州省长	石秀诗	Shi xiu shi	1942/7	河南省 商丘
云南省委 书记	白恩培	Bai en pei	1946/9	陕西省 清涧
云南省长	徐荣凯	Xu rong kai	1942/2	重庆市
티벳自治区委 书记	郭金龙	Guo jin long	1947/7	江苏省 南京
티벳自治区 主席	삼바빈쯔		1947/5	西藏区 昌都
陕西省委 书记	李建国	Li jian guo	1946/4	山东省 荣城
陕西省长	贾治邦	Jia zhi bang	1946/11	陕西省 吴县
甘肃省委 书记	苏荣	Su rong	1948/10	吉林省 洮南
甘肃省长	陆浩	Lu hao	1947/4	河北省 昌黎
青海省委 书记	赵乐际	Zhao le ji	1957/3	陕西省 西宁
青海省委	杨传堂	Yang chuan tang		山东省 禹城
宁夏自治区委 书记	陈建国	Chen jian guo	1945/7	山东省 荣成
宁夏自治区 主席	马启智	Ma qi zhi	1943/11	宁夏区泾源, (*回族)
新疆自治区委 书记	王乐泉	Wang le quan	1944/12	山东省 寿光
新疆自治区 主席	이스마엘 테리와르		1944/11	新疆区 疏附

농촌 가정과 도시 가정의 1인당 소득

(1978년 = 100으로 하는 지수, 증가율은 전년대비 %, ▲는 마이너스)

년	농촌 주민 가정 1인당 순수입				도시 주민 가정 1인당 가처분소득			
	위안	명목 증가율	실질 지수	실질 증가율	위안	명목 증가율	실질 지수	실질 증가율
1978	133.6		100		343.4		100	
1980	191.3		139.0		477.6		127.2	
1985	397.6		268.9		739.1		160.4	
1987	462.6	9.2	292.0	5.2	1,002.2	11.4	186.9	2.4
1988	544.9	17.8	310.7	6.4	1,181.4	17.9	182.5	▲ 2.3
1989	601.5	10.4	305.7	▲ 1.6	1,375.7	16.4	182.8	0.1
1990	686.3	14.1	311.2	1.8	1,510.2	9.8	198.1	8.4
1991	708.6	3.2	317.4	2.0	1,700.6	12.6	212.4	7.2
1992	784.0	10.6	336.2	5.9	2,026.6	19.2	232.9	9.7
1993	921.6	17.6	346.9	3.2	2,577.4	27.2	255.1	9.5
1994	1,221.0	32.5	364.4	5.0	3,496.2	35.6	276.8	8.5
1995	1,577.7	29.2	383.7	5.3	4,283.0	22.5	290.3	4.9
1996	1,926.1	22.1	418.2	9.0	4,838.9	13.0	301.6	3.9
1997	2,090.1	8.5	437.4	4.6	5,160.3	6.6	311.9	3.4
1998	2,162.0	3.4	456.2	4.3	5,425.1	5.1	329.9	5.8
1999	2,210.3	2.2	473.5	3.8	5,854.0	7.9	360.6	9.3
2000	2,253.4	1.9	483.5	2.1	6,280.0	7.3	383.7	6.4
2001	2,366.4	5.0	503.8	4.2	6,859.6	9.2	416.3	8.5
2002	2,476.0	4.6	527.0	4.8	7,703.0	12.3	472.1	13.4
2003	2,622.2	5.9	550.7	4.3	8,472.2	10.0	514.6	9.0

자료 : 「中國統計摘要」 2004년판

농촌 가정 소득증가율

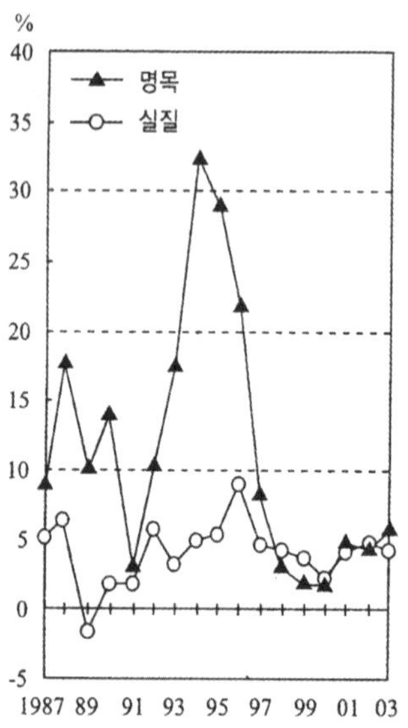

도시 가정 소득증가율

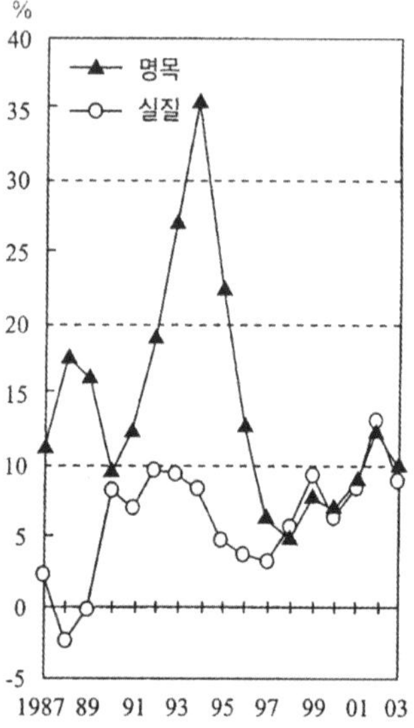

농촌 가정과 도시 가정의 엥겔계수

년	1인당 소비성 지출(위안)		식품(위안)		엥겔계수(%)	
	농촌	도시	농촌	도시	농촌 가정	도시 가정
1978	116.06	311.16	78.6	178.9	67.7	57.5
1980	162.21	412.44	100.2		61.8	56.9
1985	317.42	673.20	183.4	351.4	57.8	53.3
1990	584.63	1,278.89	343.8	693.8	58.8	54.2
1991	619.79	1,453.81	357.1	782.5	57.6	53.8
1992	659.21	1,671.73	379.3	884.8	57.6	53.0
1993	769.65	2,110.81	446.8	1,058.2	58.1	50.3
1994	1,016.81	2,851.34	598.5	1,422.5	58.9	50.0
1995	1,310.36	3,537.57	768.2	1,766.0	58.6	50.1
1996	1,572.08	3,919.47	885.5	1,904.7	56.3	48.8
1997	1,617.15	4,185.64	890.3	1,942.6	55.1	46.6
1998	1,590.33	4,331.61	849.6	1,934.5	53.4	44.7
1999	1,577.42	4,615.91	829.0	1,941.8	52.6	42.1
2000	1,670.13	4,998.00	820.5	1,971.3	49.1	39.4
2001	1,741.09	5,309.01	830.7	2,028.0	47.7	38.2
2002	1,834.31	6,029.88	848.4	2,271.8	46.2	37.7
2003	1,943.40	6,510.94	886.0	2,416.9	45.6	37.1

자료 : 『中國統計年鑑』 각년판, 『中國統計摘要』 2004년판.

엥겔계수

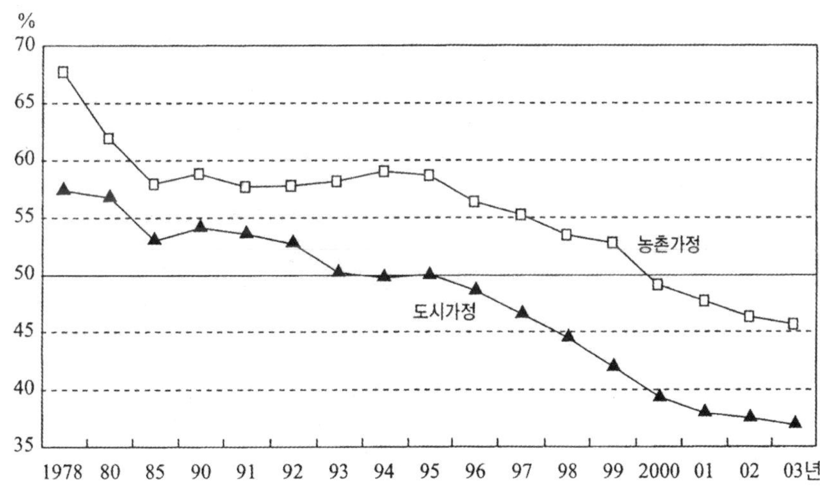

농업 생산
農·林·牧·漁業 총생산액

농업총생산액은 부가가치 증가액이 아닌 '물질생산체계(MPS)' 베이스의 숫자이며, 중간재 중복 부분이 포함되어 있다. '농업'에는 '협의의 농업'과 '광의의 농업'이 있다. '협의의 농업'은 작물재배업과 야생식물 채집업을 가리킨다. '광의의 농업'은 '협의의 농업' 외에도 임업·목축업·어업을 포함하는 개념이다.

(단위:억 위안)

년	총생산액	농업	임업	목축업	어업
1978	1,397.0	1,117.5	48.1	209.3	22.1
1980	1,922.6	1,454.1	81.4	354.2	32.9
1985	3,619.5	2,506.4	188.7	798.3	126.1
1987	4,675.7	3,160.5	222.0	1,068.4	224,9
1988	5,865.3	3,666.9	275.3	1,600.6	322.5
1989	6,534.7	4,100.6	284.9	1,800.4	348.9
1990	7,662.1	4,954.3	330.3	1,967.0	410.6
1991	8,157.0	5,146.4	367.9	2,159.2	483.5
1992	9,084.7	5,588.0	422.6	2,460.5	613.6
1993	10,995.5	6,605.1	494.0	3,014.4	882.0
1994	15,750.5	9,169.2	611.1	4,672.0	1,298.2
1995	20,340.9	11,884.6	709.9	6,045.0	1,701.3
1996	22.353.7	13,539.8	778.0	6,015.5	2,020.4
1997	23,788.4	13.852.5	817.8	6,835.4	2,282.7
1998	24.541.9	14,241.9	851.3	7,025.8	2,422.9
1999	24.519.1	14,106.2	886.3	6,997.6	2,529.0
2000	24,915.8	13,873.6	936.5	7,393.1	2,712.6
2001	26,179.6	14,462.8	938.8	7,963.1	2,815.0
2002	27,390.8	14,931.5	1,033.5	8,454.6	2,971.7
2003	29,691.8	14,870.1	1,239.9	9,538.8	3,137.6

자료 :「新中國五十年統計資料匯編」,「中國統計摘要」, 2004년판.

농업총생산액 구성비

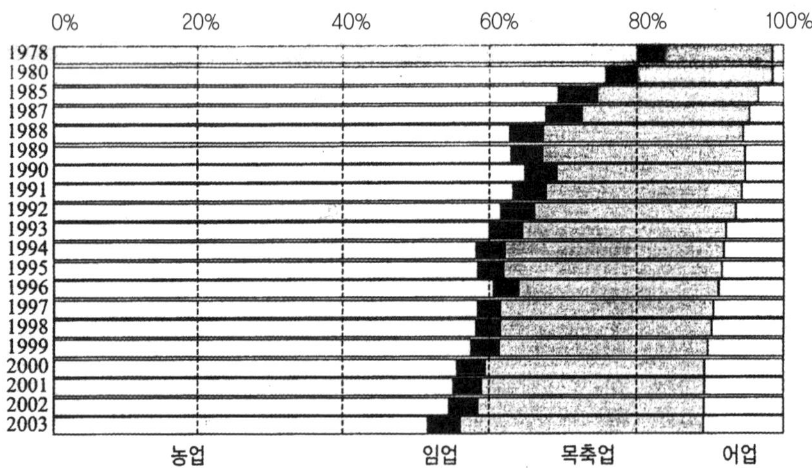

식량 생산량

식량 생산량은 쌀, 밀, 옥수수, 밤, 기타 잡곡, 감자류(감자 · 고구마), 대두 생산량의 합계로서 「식량 생산량+(식량 수입량−식량 수출량)」의 계산식으로 나타낸다.

(▲는 마이너스)

년	식량 생산 (만 톤)	증가율 (%)	1인당 식량 생산(kg)	식량 수입 (만 톤)	식량 수출 (만 톤)	식량 확보량 (만 톤)
1978	30,477	7.8	319	883	187	31,173
1980	32,056	▲ 3.5	327	1,343	161	33,238
1985	37,911	▲ 6.9	361	600	932	35,579
1986	39,151	3.3	367	773	942	38,982
1987	40,298	2.9	372	1,628	737	41,189
1988	39,408	▲ 2.2	358	1,533	717	40,223
1989	40,755	3.4	364	1,658	656	41,757
1990	44,624	9.5	393	1,372	583	45,413
1991	43,529	▲ 2.5	376	1,345	1,086	43,788
1992	44,266	1.7	378	1,175	1,364	44,077
1993	45,649	3.1	385	752	1,535	44,866
1994	44,510	▲ 2.5	371	920	1,346	44,084
1995	46,662	4.8	385	2,081	214	48,529
1996	50,839	8.1	419	1,200	144	51,510
1997	49,417	▲ 2.1	401	705	859	49,263
1998	51,230	3.7	412	708	906	51,032
1999	50,454	▲ 0.8	406	771	758	50,852
2000	46,218	▲ 9.1	366	1,357	1,400	46,175
2001	45,264	▲ 2.1	356	1,738	903	46,099
2002	45,706	1.0	357	1,416	1,510	45,612
2003	43,070	▲ 5.8	334	2,282	2,221	43,131

자료 :『中國統計摘要』, 2004년판.『中國農業發展報告』, 各年版,『海關統計』, 各年 第12期.

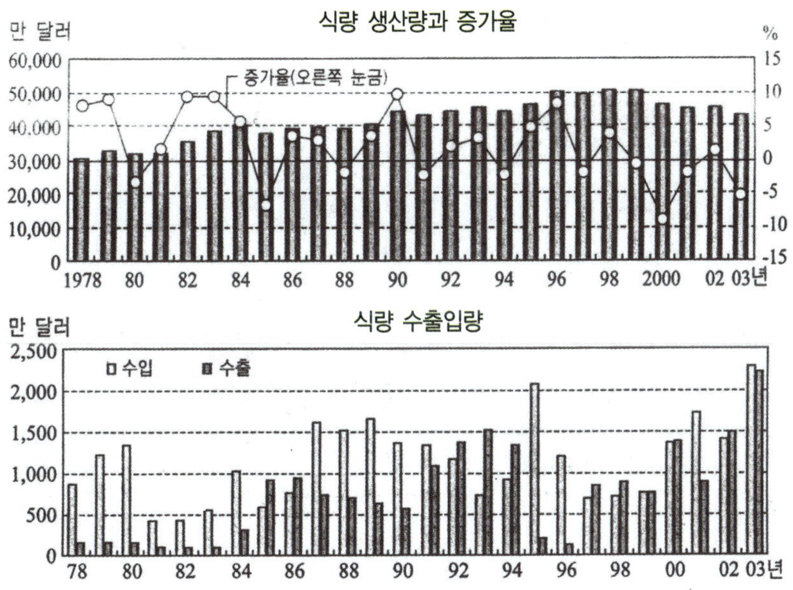

농촌 가정 100가구당 내구소비재 보유 대수

품목	1985	1990	1995	1999	2000	2001	2002	2003
자전거	80.64	118.33	148.8	136.85	120.48	120.83	121.3	118.5
재봉틀	43.21	55.19	65.74	67.06	-	-	-	-
손목시계	126.32	172.22	169.09	152.76	-	-	-	-
수정시계	-	23.21	40.44	53.5	-	-	-	-
선풍기	9.66	41.36	88.96	116.07	122.62	129.42	134.3	138.1
세탁기	1.9	9.12	16.81	24.32	28.58	29.94	31.8	34.3
냉장고	0.06	1.22	5.15	10.64	12.31	13.59	14.8	15.9
오토바이	-	0.89	4.88	16.49	21.94	24.71	28.1	31.8
소파	13.07	36.98	65.41	84.24	-	-	-	-
옷장	53.37	75.67	84.88	86.47	-	-	-	-
책상	38.21	56.08	79	84.52	-	-	-	-
라디오	54.19	45.15	31.05	26.97	-	-	-	-
흑백 TV	10.94	39.72	63.81	62.35	52.97	50.74	48.1	42.8
컬러 TV	0.8	4.72	16.92	38.24	48.74	54.41	60.5	67.8
라디오 카세트	4.33	17.83	30.87	31.99	21.58	20.74	20.4	18.7
카메라	-	0.7	1.42	2.69	3.12	3.23	3.3	3.4
비디오 레코더		-	1.12	2.66	3.3	3.33	3.3	3.5
에어컨			0.18	0.74	1.32	1.70	2.3	3.5
환풍기			0.61	2.33	2.75	3.15	3.6	4.1
휴대전화					4.32	8.06	13.7	23.7
전화기					26.38	34.11	40.8	49.1
시스템 컴포넌트					7.76	8.67	9.7	10.5
호출기					7.74	7.1	5.5	3.0
컴퓨터					0.5	0.7	1.1	1.4

자료 : 『中國統計年鑑』 각년판, 『中國統計摘要』 2004년판.

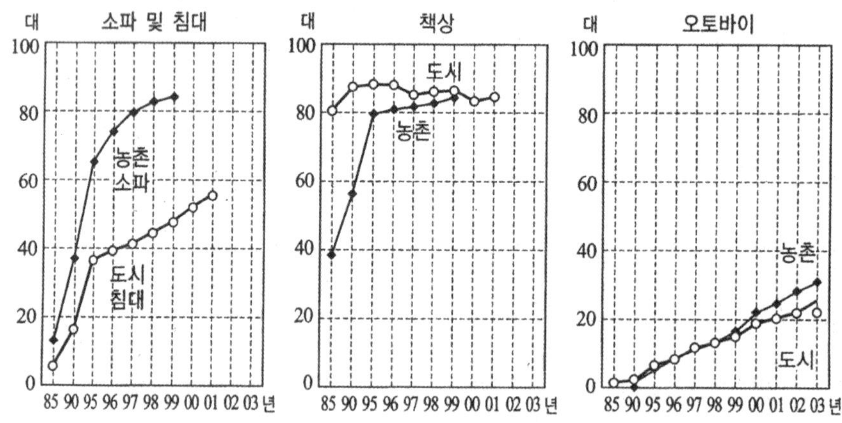

사망 원인 10대 질병(2002년)

1	악성종양	23.53
2	뇌혈관 장애	17.49
3	호흡기 장애	15.63
4	심장병	14.62
5	외상 및 중독성 질환	8.77
6	소화기 장애	3.41
7	뇌 분비·영양·대사·면역 장애	2.45
8	비뇨기병	1.68
9	신경병	0.91
10	분만장애	0.85

1	악성 종양	20.67
2	뇌혈관 장애	17.31
3	호흡기 장애	15.63
4	심장병	14.34
5	외상 및 중독성 질환	10.16
6	소화기 장애	3.56
7	뇌 분비·영양·대사·면역 장애	1.44
8	비뇨기병	1.21
9	신경병	1.07
10	분만장애	1.06

자료 : 『中國統計年鑑』 2003년판.

새마을운동의 서천西遷
韓中合作 愛心-陽光培訓計劃 參觀記

펴낸날 2006년 4월 22일

지은이 정교관
펴낸이 최윤정
펴낸곳 도서출판 나무와숲

등록 22-1277
주소 서울특별시 송파구 방이동 22 대우유토피아 1304호
전화 02)3474-1114
팩스 02)3474-1113
e-mail : namusup@chol.com

ISBN 89-88138-70-8 03300

값 10,000원